生态翻译视域下
应用文体翻译探究

杨芙蓉 著

·北京·

内 容 提 要

本书创造性地将生态翻译学引入翻译的研究领域，对应用文体的翻译理论与实践进行了探究。本书主要对应用文体翻译的生态学视角下的广告翻译、商标翻译、旅游翻译、科技翻译、新闻翻译、影视翻译、法律翻译，以及生态翻译学视角下的翻译腔问题进行了详尽的阐述。

本书研究视角新颖，内容丰富，语言连贯流畅，具有很强的实用性。对于广大读者而言，本书有着独特的阅读价值；对于应用文体翻译研究的发展而言，本书具有重要的推动作用。

图书在版编目（CIP）数据

生态翻译视域下应用文体翻译探究 / 杨芙蓉著. -- 北京 : 中国水利水电出版社, 2017.9 (2025.4重印)
ISBN 978-7-5170-5919-6

Ⅰ. ①生… Ⅱ. ①杨… Ⅲ. ①英语－应用文－翻译－研究 Ⅳ. ①H315.9

中国版本图书馆CIP数据核字(2017)第239570号

书　名	生态翻译视域下应用文体翻译探究 SHENGTAI FANYI SHIYU XIA YINGYONG WENTI FANYI TANJIU
作　者	杨芙蓉　著
出版发行	中国水利水电出版社 （北京市海淀区玉渊潭南路1号D座 100038） 网址：www.waterpub.com.cn E-mail：sales@waterpub.com.cn 电话：(010)68367658(营销中心)
经　售	北京科水图书销售中心(零售) 电话：(010)88383994、63202643、68545874 全国各地新华书店和相关出版物销售网点
排　版	北京亚吉飞数码科技有限公司
印　刷	三河市天润建兴印务有限公司
规　格	170mm×240mm　16开本　15.25印张　198千字
版　次	2018年9月第1版　2025年4月第3次印刷
印　数	0001—2000册
定　价	68.00元

前　言

随着全球化进程的深化，世界范围内的信息交流进一步加强，以“传递信息为主要目的”的实用文本越发代表着时代的最强音，对应用文体的翻译也提出了新的挑战。将生态翻译学运用于应用文体翻译，或从生态翻译学视角来探讨应用文体翻译，既有其坚实的理论基础，又符合全球生态取向的大趋势。在生态翻译学的“翻译即适应与选择”基本理念下，应用文体的翻译过程即表现为译者在实用文本这一极其复杂的翻译生态环境中着重参照“读者反应”这一重要因素，从语言维、文化维、交际维层面进行“选择性”适应和“适应性”选择的交替循环过程；而最终的翻译标准则表现为结合“读者反应”的“整合适应选择度”最佳化的程度。由此可见，从生态翻译学视角探讨应用文体翻译，不但为应用文体翻译提供理论参考和实践指导，而且可以提高实用文本翻译的跨学科性，具有一定的创新意义，能够为未来的应用文体翻译带来更广阔的研究前景。

根据生态翻译学释义，翻译是译者适应翻译生态环境并根据其进行选择的过程。译者是适应和选择的主体和执行者，因而在翻译生态环境中占据中心地位。对于应用文体翻译来说，翻译的重点理应落在语言的应用特性和实用目的上。应用文体扎根于社会生活，反映生活，服务于生活，从整体上看语言表达较为平易朴实、简单易懂，信息的真实性和准确性是应用文体创作和翻译的根本要求。但另一方面，民族文化传统、审美标准、思维方式乃至地理条件、生物种类和气候条件都会直接或间接地影响应用文体的形成与表达。因此,在应用文体翻译过程中,译者有必要对原文在语言、文化、交际三维度进行适应性选择,即对原文在三元维度上进行适当的改写或变通,以使译语更契合受众群体的表达习惯、审美情趣或心理诉求,以创造出“多维度整合性选择”程度最高的译文。

鉴于此,作者将多年的翻译教学与研究经验和心得进行梳理总结,精心撰写了《生态翻译视域下应用文体翻译探究》一书。

全书共十一章。第一章首先对翻译的缘起、概念与界定、原则与标准等进行简述,进而依次探讨了不同翻译理论家对翻译活动及其译文优劣的评价标准的不同观点,引出生态翻译学这一重要阐释维度。其次,探讨了翻译的生态学思考,详细阐述了生态翻译学的概念界定、立论视角、研究焦点、哲学理据以及研究范式,着重阐述了以生态学视角研究翻译活动的三元维度转化范式。作为一个具有跨学科性质的生态学翻译研究途径,生态翻译学是运用生态理性、从生态学视角对翻译进行综观的整体性研究,是一个“翻译即适应与选择”的生态范式和研究领域。再次,介绍了文体的产生、文体的含义、文体、风格与语体三个概念之间的差异与联系以及文体思维对翻译的影响,着重分析不同文体的文体特征对翻译活动提出的不同要求。第二章对生态翻译学的研究范式做深入探讨,主要阐释了生态翻译范式下的译者主体性问题、翻译生态环境问题、适应/选择问题以及三元维度转换等问题;对翻译理论家 Michael Cronin 提出的翻译生态学(Translation Ecology)与清华大学胡庚申教授基于英国著名生物学家达尔文的“进化论”提出的生态翻译学(Eco-Translatology)之间的辩证关系进行阐释,指出两种理论从本源上具有同质性,而在关注点上有所不同,前者强调翻译系统内部诸要素之间的生态关系,而后者强调翻译活动诸要素与自然环境、社会环境等外部诸要素间的生态关系。语言作为翻译活动的载体,总是离不开特定社会的文化并植根于文化之中,语言与文化有着密不可分的联系，因此第三章主要从中西方语言文化差异的视角，从文化禁忌因素、价值观念因素、思维模式因素、社会习俗因素、审美观念因素等层面阐述了语言文化差异对应用文体翻译的影响，主要从中西语言文化差异的视角探究应用文体翻译的文化影响因素、应用文体翻译中的文化迁移现象、文化“传真”路径以及生态学研究途径。第四章具体探讨了广告应用文体翻译的生态学视角，着重阐述了广告的内涵及文体特征，论述了广告文体翻译的生态学视角，分析了生态翻译学视域下广告翻译应遵循的基本原则，并探讨了生态翻译视域下广告翻译本土化的三维转换策略。第五章具体探讨了商标文体翻译的生态学视角，主要阐述了商标的缘起与界定，分析了商标翻译中的常见问题，商标翻译的基本原则，生态翻译学视域下商标翻译的基本策略，并从生态翻译学的视角探究商标翻译的三元维度转换。第六章具体探讨了旅游应用文体翻译的生态学视角，主要阐述了旅游文体的基本特征，中西方语言文化差异对旅游翻译的影响及制约作用，分析了生态翻译学视域下旅游文体翻译的三元维度转换问题以及生态翻译学视域下旅游文体翻译的基本策略。第七章具体探讨了科技应用文体翻译的生态学视角，主要分析了英汉语言对比差异对科技英语翻译的影响与制约，阐述了科技文体的基本特征，并进一步探讨了生态翻译学视域下科技文体翻译的三维转换问题。第八章具体探讨了新闻应用文体翻译的生态学视角，分析了新闻文体翻译对译者的基本要求，阐述了新闻文体的基本特征，并探讨了新闻翻译中译者跨文化交际意识及语言差异转换意识的养成对翻译活动的重要作用，最后探讨了生态翻译学视域下新闻翻译的三维转换问题。第九章具体探讨了影视应用文体翻译的生态学视角，介绍了影视文体的概念及分类，影视文体的基本特征，影视翻译的制约因素，中西方文化思维差异对影视字幕翻译的影响与制约作用以及影视台词翻译中的文化传递，着重探讨了生态翻译学视域下影视翻译的三维转换问题。第十章具体探讨了法律应用文体翻译的生态学视角，阐述了法律文体的概念及基本特征，分析了生态翻译视域下法律文体翻译的基本要求，并具体阐述了生态翻译视域下法律翻译的三维转换策略。第四至第十章重点结合具体的应用文体，如法律文体、广告文体、科技文体、旅游文体、商标文体、新闻文体以及影视文体等的基本特征，探讨生态翻译研究范式与各类具体的应用文体之间的契合点，从译者主体性的发挥、翻译整合适应度的选择、应用文体在三元维度即语言维度、文化维度以及交际维度上的适应性选择与转换等方面，具体阐述生态翻译范式下的应用文体翻译问题。在人类的翻译活动中，受译者文化水平、翻译素养以及地域、社会、历史、文化背景的限制，翻译失误及翻译不当问题总是不可避免的，因此本书第十一章主要探讨生态翻译学视角下的翻译腔问题，阐述了翻译腔的概念、产生的原因、具体表现以及对汉语的影响，分析了“中国式英语”的成因及表现以及应用文体翻译中产生的翻译腔问题，并提出生态翻译学视角下翻译腔的应对策略。

本书创造性地将生态翻译学引入翻译研究领域，并选择实用性强、翻译难度高、覆盖面广的应用文体作为研究对象，试图从跨学科的生态学视角找到解决人文学科研究的新突破口，实现文理学科研究的完美联姻。本书的最大亮点是理论与实践相结合，具体来说，本书既对生态学、文体学、翻译学等基本理论问题进行深入探讨，又结合具体文体，如广告、法律、影视、科技、旅游等文体，从思维模式、词法句法、审美情趣、习俗禁忌、地域差异等层面对译者主体性的发挥及翻译过程中，译者在语言维度、文化维度以及交际维度的三维适应性选择转换进行分析，并在此基础上阐述了相应的翻译策略，既有利于帮助读者加强理论修养，又能为翻译实践提供指导和帮助。此外，本书逻辑清晰、结构合理、译例丰富、深入浅出，定能成为广大读者的良师益友。

在本书的撰写过程中，作者参阅了大量相关文献，借鉴了许多专家、学者的意见，在此谨向他们表示由衷的感谢！由于作者学识有限，不足之处在所难免，恳请广大读者批评指正！

作 者

2017 年 6 月

目　　录

前言

第一章　翻译总论 ······ 1

第一节　翻译的缘起、概念与标准 ······ 1

第二节　翻译与生态学 ······ 11

第三节　翻译与文体学 ······ 17

第二章　生态翻译范式下应用文体翻译的相关问题 ······ 27

第一节　生态翻译范式下的译者主体性问题 ······ 28

第二节　生态翻译范式下的翻译生态环境问题 ······ 29

第三节　生态翻译范式下的适应/选择问题 ······ 31

第四节　生态翻译学与“翻译适应选择论” ······ 31

第五节　生态翻译范式下的三维转换问题 ······ 33

第六节　生态翻译范式下的整合性译论研究问题 ······ 36

第七节　翻译生态学与生态翻译学之辩证关系 ······ 37

第三章　中西语言文化差异与应用文体翻译 ······ 41

第一节　中西方文化语境差异与翻译 ······ 41

第二节　应用文体翻译中的文化影响因素 ······ 45

第三节　应用文体翻译中的文化迁移现象 ······ 48

第四节　应用文体翻译中的文化“传真” ······ 50

第四章　应用文体翻译的生态学视角：广告翻译 ······ 54

第一节　广告的内涵及文体特征 ······ 54

第二节 广告文体翻译的生态学视角 …………………… 78
第三节 生态翻译学视域下广告翻译的基本原则 ……… 80
第四节 生态翻译视域下广告翻译本土化的三维转换 …………………………………………… 87

第五章 应用文体翻译的生态学视角:商标翻译 …………… 91
第一节 商标的缘起与界定 …………………………… 91
第二节 商标翻译中的常见问题 ……………………… 93
第三节 商标翻译的基本原则 ………………………… 95
第四节 生态翻译学视域下商标翻译的基本策略 ……… 98
第五节 商标翻译的生态学视角探究 ………………… 102

第六章 应用文体翻译的生态学视角:旅游翻译 ………… 103
第一节 旅游文体的基本特征 ………………………… 103
第二节 中西方语言文化差异与旅游翻译 …………… 108
第三节 生态翻译学视域下旅游文体翻译的三维转换问题 ……………………………………… 112
第四节 生态翻译学视域下旅游文体翻译的基本策略 ………………………………………… 121

第七章 应用文体翻译的生态学视角:科技翻译 ………… 126
第一节 英汉语言对比差异与科技英语翻译 ………… 126
第二节 科技文体的基本特征 ………………………… 131
第三节 生态翻译学视域下科技文体翻译的三维转换 ………………………………………… 140

第八章 应用文体翻译的生态学视角:新闻翻译 ………… 150
第一节 新闻文体翻译对译者的基本要求 …………… 150
第二节 新闻文体的基本特征 ………………………… 154
第三节 跨文化交际意识培养与新闻翻译 …………… 158

第四节 生态翻译学三维转换视域下的新闻翻译 …… 160

第九章 应用文体翻译的生态学视角:影视翻译 …… 168

第一节 影视文体的概念及分类 …… 168

第二节 影视文体的基本特征 …… 170

第三节 影视翻译的制约因素 …… 174

第四节 中西方文化思维差异与影视字幕翻译 …… 175

第五节 影视台词翻译中的文化传递 …… 177

第六节 生态翻译学三维转换视域下的影视翻译 …… 179

第十章 应用文体翻译的生态学视角:法律翻译 …… 186

第一节 法律文体的概念及基本特征 …… 186

第二节 生态翻译视域下的法律文体翻译 …… 196

第三节 生态翻译视域下法律翻译的基本策略 …… 202

第十一章 生态翻译学视角下的翻译腔问题 …… 204

第一节 翻译腔的概念、成因及表现 …… 204

第二节 翻译腔对汉语的影响 …… 209

第三节 “中国式英语”的成因及表现 …… 210

第四节 应用文体翻译中的翻译腔问题 …… 213

第五节 生态翻译学视角下翻译腔的应对策略 …… 215

参考文献 …… 222

第一章　翻译总论

翻译作为跨文化交际的重要介质，在促进国际文化交流和推动各国经济发展方面发挥着重要的桥梁和纽带作用。在学界，探索科学有效的翻译途径之脚步从未停止，研究视角逐渐向跨学科领域延伸，使人文学科与自然学科交叉渗透，研究范式呈多元化发展趋势。

人类的翻译活动不仅是一种语言行为、社会行为，而且是一种生态行为。胡庚申提出的翻译适应选择论将翻译界定为“译者对翻译生态环境的适应性选择过程”，因此译者在翻译过程中对文本环境及其文化背景因素的适应与选择与自然界万物对生存环境的适应与选择有相似之处，都要遵从“优胜劣汰”“适者生存”的进化论规律，而生态翻译学为传统单维的语言研究提供了全新的视角。

本书主要立足生态学的观察视角，探究不同文本的文体特征、语言技巧、构句特点以及翻译策略，主要从语言维、交际维和文化维三个维度考察译者在应用文体翻译过程中的适应与选择问题。

第一节　翻译的缘起、概念与标准

一、翻译的缘起

《圣经旧约·创世纪》中有这样一段记载：原本世界各民族的

语言是相通的，可是大洪水过后，诺亚的子孙为了安身立命、积功扬名，违逆上帝的意志，决定建造一座城，城中建起高耸入云的通天塔（又叫巴别塔），上帝得知后极为震怒，于是将人类的语言打乱，并将他们遣散四方，以示惩戒，从此人类便失去了彼此沟通的“纯语言”[①]，如今，唯有借助翻译才能实现不同民族和种族之间的沟通与交流。何谓翻译？有学者指出，翻译是“用目标语言对源语语言所承载的意义进行表述的过程”[②]，是指“运用一种语言把另一种语言所表达的思维内容准确而完整地重新表达出来的语言活动”[③]，是“将一种语言文字所蕴含的意思用另外一种语言文字表达出来的文化活动”[④]；美国著名翻译理论家 Eugene A. Nida 认为，“翻译就是用最切近、最自然的等值体来复制源语信息的过程。”[⑤]不同民族语言文化的差异性和独特性使整个世界语言系统形成多元化的语言及文化格局，进而推动了世界文明的演变，而在此过程中，翻译活动居功至伟。

二、翻译的概念与界定

一般地，我们将翻译定义为：将一种语言（口语或笔语形式）（译出语）转换或创造为另一种语言（译入语）的活动。翻译是一种复杂而高级的人类语言活动，其过程难以用图示、语言等其他手段进行阐释。纵观人类语言发展的历史，不同流派的学者对翻译有着不同的界定。

（一）语言学家对翻译的界定

语言学家将翻译视为一种语言活动，同时认为翻译理论属于

① 艾略特（Eliot，T. S.）. 基督教与文化［M］. 成都：四川人民出版社，1989.

② 冯庆华. 实用翻译教程［M］. 上海：上海外语教育出版社，2002.

③ 张培基. 英汉翻译教程［M］. 上海：上海外语教育出版社，1980.

④ 王克非. 翻译文化史论［M］. 上海：上海外语教育出版社，1997.

⑤ 转引自杨芙蓉. 中西语言文化差异下的翻译探究［M］. 北京：中国水利水电出版社，2017.

语言学的一个部分，即研究译出语和译入语的转换关系。解释如下。

Catford(1965)认为，翻译是译出语和译入语间的文本等效转换。

Nida 和 Taber(1969)认为，翻译是译出语和译入语间意义和形式上的最紧密联系转换。

Newmark(1982)认为，翻译理论源自于比较语言学，属于语义学的一部分，而所有语义学的研究课题都与翻译理论息息相关。

（二）文化角度对翻译的定义

从文化角度来看，翻译不仅仅是语言符号的转换，同时是两种语言文化之间的交流，或换称为“文化间合作”或“跨文化交际”等。Shuttleworth 和 Cowie(1997:35)认为，与其说翻译是两种语言之间的符号转换，不如说是两种语言所代表的两种文化间的转换。译者在处理涉及语言文化方面的译务工作时，认为任何一种语言中都饱含着其文化中的相关元素（如语言中的问候语、固定搭配等），任何文本都存在于特定的文化环境中，同时由于各语言所代表的多元文化差异很大，语言间的转化和创造性生成模式千差万别。Nida 认为，对于一个成功的翻译工作者而言，掌握两种文化比掌握两种语言更为重要，因为语言中的词汇只有在特定的语言文化环境中才能具有正确的、合乎文化背景的义项。王佐良先生(1989)指出，翻译不仅涉及语言问题，也涉及文化问题。译者不仅要了解外国的文化，还要深入了解自身民族的文化。不仅如此，还要不断地将两种文化加以比较，因为真正的对等应该是在各自文化中的含义、作用、范围、感情色彩、影响等都是相当的。翻译者必须是一个真正意义上的文化人，只有了解语言当中蕴含的文化元素，才称得上在真正意义上掌握了语言。

（三）文学角度对翻译的界定

语言是塑造文学形象的工具，因而文学的形象性特征必然要在语言上表现出来。文学语言的特征，诸如形象、生动、鲜明、含蓄、凝练、准确、风趣、幽默、辛辣、滑稽、悦耳、民族特点、地方色彩，还有行业习语、民间俚语、谚语等，都是作家塑造形象的需要，都是从现实生活中提炼创造出来的。持文学观点的翻译工作者认为，翻译是对语言的艺术性创造，或是一种善于创造的艺术。一些西方学者也认为，翻译是对“原文本的艺术性改写”。创造性是艺术的生命力，而艺术性则是翻译活动的生命力。文学翻译的任务是要把源语中包含的一定社会生活的映像完美地从一种语言移注到另一种语言中，在翻译过程中追求语言的艺术美，再现原作的艺术性。用茅盾的话说，是“使读者在读译文的时候能够像读原著一样得到启发、感动和美的感受。”文学作品的艺术形式与思想内容是辩证统一的，翻译要保存原作风格特点，因此要求译文生动形象、形神毕肖、雅俗等同、简介精美、词情并茂(《译学词典》2004:291)。

(四)语义角度对翻译的定义

语义角度下的翻译着眼于两种语言间的意义对等，正如Nida(1986)指出的那样：翻译就是语义的翻译。Newmark(1988:5)认为，翻译是在确保作者文本语义正确的前提下，对语言的转换和改写。Newmark(1982:22)认为，语义翻译，即译者在译入语语义的限制下，精确地将译出语转化为译入语。Shuttleworth和Cowie(1997:151)认为，在语义翻译中，最为重要的是，译者是否将作者的语义精确地传达到译入语中，而不是译者是否用他认为最合适的方式将作者的语义传达到译入语中。

(五)功能角度对翻译的定义

功能主义者认为，翻译是带有特定目的的人类活动中的一种特殊形式，这种目的通常是社会环境中的语言服务项目，译者应满足客户、读者的需求，同时应满足译文的功用和使用目的等。Baker(2001:236)认为，翻译过程中不应受原文本、原文本对译出文本的影响或作者通过文本设置的特殊功能等的影响。决定翻译过程的应该是读者、用户等对译出文本功用和目的的需求。

(六)交际角度对翻译的定义

交际主义者认为,翻译是在特定的社会情境中的交际过程。Newmark(1982:22)认为,交际性翻译,即译者尝试使译出语读者和译入语读者对同一篇文本产生同样的阅读效果。Shuttleworth 和 Cowie(1997:21)认为,交际性翻译指向译入语读者的需求,采用交际性翻译方式进行翻译的译者并不把原文本看作是简单的语言单位,而是一种文本信息,同时译者尽可能地保留原文本中的功能同时将其精确地反映给译入语读者们。

(七)生态角度对翻译的定义

翻译作为人类最重要的社会活动之一,不仅意味着语言层面以及文化层面的信息符号交流与转换,而且包含着译者对其赖以生存的自然生态和社会生态环境中超语言文化因素的适应与选择,如风土人情、地理环境、自然条件等。译文只有契合特定的语言功能、文化功能和交际功能以及特定的种族群体和社会环境才能够被认可和接受,即生物学上的"适者生存"。鉴于此,清华大学胡庚申教授(2001)从"适应""选择""适者生存""优胜劣汰"等生物学维度来透视人类的翻译活动,提出"翻译适应选择论"的理念。翻译适应选择论是一种以译者为中心的翻译理论,通过展现源语、原文和译语所呈现的世界,将译者置于翻译生态环境中,展现其在语言、文化和交际三元维度中的适应与选择,体现作者、读者、译者在语言、文化、交际、社会等环境中的关联、整合与互动。

三、翻译的原则与标准

翻译的原则与标准实际上分属两个概念,翻译的原则是指以译者为主体的翻译活动所遵循的基本准则，而翻译的标准是衡量译者译文水平的尺度和准绳，是区分和评判译文优劣的基本依据；翻译标准问题是翻译理论的核心问题，有关翻译标准的探讨最早可以追溯到三国时期的佛经典籍翻译，如之谦的“当令易晓，勿失厥意”，东晋佛经翻译家道安的“案本而传”等，均体现出忠实于原文的基本翻译思想；道安的“五失本三不易”，彦琮的“十条八备”，玄奘的“五不翻”，赞宁的译经“六例”，马建忠的“善译”，严复的“信达雅”，傅雷的“形似、神似”说，钱钟书的“化境”说，许渊冲先生则从诗学的视角提出“意美、形美、音美”的翻译标准等；国外以奈达的翻译理论最具代表性，Tytler 也提出了三条翻译原则：一是要将原作的意思全部转移到译文上来；二是译文应当具备原作的风格和文体，而且要保全原作的真实；三是译文和原作要同样的流利自如。

（一）“信、达、雅”翻译标准

严复先生提出的“信达雅”翻译三原则为我们从事翻译活动提供了准绳和标尺。所谓“信”即“达旨”，就是说明原文：“达”即“前后引衬，以显其意”：“雅”即“尔雅”；严先生提出“信达雅”三字标准究其本源出自孔老夫子：“易曰，‘修辞立诚’。子曰，‘辞达而已’。又曰，‘言之无文，行之不远’。三者乃文章正轨，亦即为楷模，故信达而外，求其尔雅”。在翻译界，随着“信达雅”之争论产生直译和意译标准的讨论。其实，真正主张直译的人所反对的，并不是意译，而是胡译或曲译。同样，真正主张意译的人所反对的也不是直译，而是呆译或死译。我们认为直译和意译均是正确的翻译；而胡译、曲译、呆译或死译都是错误的翻译。在翻译过程中，如果能够极力保存原文的结构，忠实地表达出原文所蕴涵的意蕴，同时又能尽量采用中文最切近、最自然的语句，使译文成为通顺的读物，便达到理想的翻译境界。值得注意的是，翻译者的首要任务是将原文中所包含的意义忠实地表达出来；其次是尽可能地按照中文的表达习惯进行翻译。换言之，正确的翻译是翻译的内容，流利的译文是翻译的形式，内容与形式的辩证统一是翻译者力求达到的目标。万一二者不可兼得，那么与其迁就译文的流利而牺牲了原文的意义，不如极力保存原文的意义而牺牲译文的流利。因为正确而不流利的译文至多不能叫人一看就懂，或读起来不能畅快；流利而不正确，那是愈看得懂愈糟糕，读起来虽然畅快舒服，却背离了原文的意思。因此在必要的情况下，宁求“信”而不“顺”。

（二）“神似”的翻译标准

我国著名翻译学家傅雷先生受到绘画灵感的启迪，提出了“神似”(resemblance in spirit)的思想。傅雷(《高老头》重译本，1951)指出：“以效果而论，(文学)翻译应当像临画一样，所求的不在神似而在形似”；要“得其精而忘其粗，在其内而忘其外”。

（三）“信、顺”的翻译标准

鲁迅先生提出了翻译的两个标准，即信(faithfulness)和顺(smoothness)。鲁迅(《鲁迅全集》，第 6 卷，348 页)指出：翻译必须有异国情调，就是所谓洋气，其实世界上也不会有完全归化的译文，倘有，就是貌合神离，从严辨别起来，它算不得翻译。凡是翻译，必须兼顾着两面，一当然力求于其易解，一则保存着原作的丰姿，但这保存，却又常常和易懂相矛盾：看不惯了。

（四）“信、达、美”的翻译标准

林语堂在《论翻译》(1995：306)中指出：翻译的标准问题，大致包括三方面，即忠实(faithfulness)、通顺(smoothness)和美(beautifulness)。这翻译的三层标准，与严氏的“译事三难”，大体上是相对应的。……我们必须记得这所包括的就是：第一，译者对原文方面的问题；第二，译者对中文方面的问题；第三，是翻译与艺术文的问题。以译者所负的责任言，第一是译者对原著者的责任，第二是译者对中国读者的责任，第三是译者对艺术的责任，三样的责任全备,然后可以谓具有真正译家的资格。

(五)"化境"的翻译标准

钱钟书提出了化境(reaching the acme of perfection)的思想。钱钟书(《林纾的翻译》,1964)指出:文学翻译的最高境界是"化",把作品从一国文字转变为另一国文字,既能不因语文习惯的差异而露出生硬牵强的痕迹,又能完全保存原有的风味,那就算得入于"化境"。17 世纪有人赞美这种造诣的翻译,为原作的"投胎转世(the transmigration of soul)",躯壳换了一个,而精神姿致依然故我。换句话说,译本对原作应该忠实得以至于读起来不像译本,因为作品在原文里绝不会读起来像经过翻译似的。

(六)"信、达、切"的翻译标准

刘重德提出了翻译的信、达、切(faithfulness, expressiveness and closeness)。刘重德(《浑金璞玉集》,1994:9)指出:信于内容(to be faithful to the content of the original);达如其分(to be as expressive as the original);切合风格(to be as close to the original style as possible)。按照"信、达、切"的翻译标准,"信"是第一位的。刘重德先生一再强调,翻译时要从原作的字里行间去理解原作暗含或引申的内容。这就要求译者不能只满足于对原文的字面理解,要根据上下文,准确把握原文的真正内涵,更不能望文生义、任意发挥,主观增删原文内容。

(七)"三美论"的翻译标准

许渊冲认为:"理论来自实践,又要受到实践的检验",因此在继承前人学说的基础上他自成一派,提出翻译"优化论"理论,可以将之概括为"美化之艺术,创优似竞赛"。许渊冲在《翻译的艺术》(1984:26)中提出了翻译的"三美论"和"三化论"标准,即"意美、音美、形美"和"深化、等化、浅化",具体如表 1-1 所示。

表 1-1 许渊冲的翻译标准

标准	低标准	中标准	高标准
内容忠实(信)	明确	准确	精确
(三美)	形美	音美	意美
(三化)	浅化	等化	深化
形式通顺(达)	易懂	通顺	扬长(雅,或曰传神)

许渊冲认为,“三美论”是译诗的本体论,三美之中,最重意美,音美次之,最后是形美。也即是说,翻译活动是美的创造,所以神似胜于形似,要在传达原文意美的前提下,力争做到三美齐备;而“三化论”则是译诗的方法论,可通过增补、换词、删减等翻译方法,通过直译努力达到神似的境界。

(八)泰特勒的翻译“三原则”

英国著名翻译理论家 Alexander Fraser Tytler 于 1790 年在他的《翻译原则探讨》(*Essay on the Principles of Translation*)中提出了如下的三个标准:第一,译作应该完全传达原作的思想(The translation should give a complete transcript of the ideas of the original work)。第二,译作的风格与笔调应当与原作保持一致(The style and manner of writing in the translation should be of the same character with that of the original)。第三,译作应当和原文一样流畅(The translation should have all the ease of the original composition)。Tytler 随后指出,上述“三原则”是按照其重要性排位的,当上述三者不能兼得时,应采取第一原则或第二原则而忽视第三原则。

(九)奈达的“功能对等”翻译原则

Nida 在其《语言和文化:翻译语境》(2001:87)一书中提出了“功能对等”(functional equivalence)的概念:最低限度而又切合实际的功能对等定义:译文读者对译文的理解应当达到能够想象出

原文读者是怎样理解和领会原文的程度。(A minimal, realistic definition of functional equivalence: The readers of a translated text should be able to comprehend it to the point that they can conceive of how the original readers of the text must have understood and appreciated it.)最高限度合乎想象的功能对等定义:译文读者应当能够基本上按照原文读者理解和领会原文的方式来理解和领会译文。(A maximal, idealistic definition of functional equivalence: The readers of a translated text should be able to understand and appreciate it in essentially the same manner as the original readers did.)

(十)纽马克的"交际翻译与语义翻译"理论

Newmark 在其《翻译入门》(*Approaches to Translation*)(1982/1988:39)中提出了"交际翻译与语义翻译"(Communicative and Semantic Translation)理论,即交际翻译力图对译作读者产生尽可能接近原作读者所获得的效果(Communicative translation on the readers of the original.)。语义翻译力图在译作语言的语义结构和句法结构允许的情况下,译出原作在上下文中的准确意义(Semantic translation attempts to render, as closely as the semantic and syntactic structure of the second language allow, the exact contextual meaning of the original.)。

(十一)胡庚申的"整合性译论研究"模式

胡庚申教授从跨学科的生态翻译学的叙事视角对翻译的本质、过程、方法、标准及原则等做出全新的描述和诠释,以翻译适应选择论为理论基础,提出"译者有为"的主张,通过展现原文、源语和译语所呈现的世界,从语言、交际、文化、社会、自然、生态以及作者、读者、译者、评论者等多元维度考察翻译活动及其效果,将译者置于生态翻译大环境中,提出"翻译—语言—文化—交际—自然"互联互动的"整合性译论研究"模式,认为翻译原则、翻译方法与翻译评价都应遵循整合性原则。较之传统的单维度翻译范式，翻译适应选择论的“整合性译论研究”模式的最大优势在于其整合性原则；从翻译的操作过程看，译者的适应是一种多维度的适应，由于翻译具有多重功能，人类的审美趣味具有多样性，读者、译者具有多层次性，翻译手法、译作风格、译作价值因而势必多样化，而这一切最终导致具体翻译标准的多元化。在整个翻译标准系统中，绝对标准一元化与具体标准多元化二者之间是既对立又统一的辩证关系。在原作—译作对比关系中，近似度不仅表示线性的、层面的关系，而且表示一种立体关系，各标准在原作—译作立体关系中的位置决定了各个标准的价值、时间性和空间性，并具有相对性。这样一来，就推翻了传统的企图建立起一个唯一的、能判断一切译作价值并指导翻译实践的、实用具体翻译标准的设想。同时，翻译标准系统内部存在着可变主标准和可变次标准的辩证运动。各个具体标准相对于其余的标准都具有互补性。总之，多元化翻译标准植根于人类对翻译作品、翻译实践的多样化要求，并由于翻译本身反作用于人类社会的多重性功能而日益强化其多元互补特性。

第二节 翻译与生态学

一、翻译的生态学思考

翻译是人类重要的语言交际活动，是最重要的人类社会活动之一，在跨语际交流与跨文化传播中起到至关重要的作用。人是大自然之子，其行为活动必然受到自然环境和社会环境的影响和制约；翻译活动作为人类重要的实践活动之一，必然受自然环境和社会环境的影响和制约，并反作用于环境。从翻译活动的过程和结果来看，翻译不仅是语言符号转换的过程，而且是文化信息传递的过程，除了受制于语言符号系统，还受制于译者所处的生态环境系统，包括文化背景、风土人情、地域差异、宗教观念、气候水土、生物物种等超语言因素的影响和制约，要求译者对翻译方法和翻译过程做出适应性选择。因此从本质上讲，翻译的过程实际上就是译者对翻译生态环境包括语言的和超语言的因素进行适应与选择的过程。而且适应和选择的顺序不应颠倒，译者必须首先适应翻译生态环境进而才能筛选有效的翻译方法，适应是第一位的，而选择是第二位的。优秀的译文必须突破语言层面的信息转化，探求语言符号背后的诸多影响因素，使译文适应特定的语言环境、文化背景和交际功能以及特定社会的受众群体，才能具有生命力。

二、生态翻译学的立论视角

2001年，清华大学著名教授胡庚申博士尝试将英国生物学家达尔文的进化论引入人文学科的研究领域，从“适应”“选择”“适者生存”“优胜劣汰”等生物学研究视角探究人类的翻译活动。他认为，译者在翻译活动中同样面临着对语言环境、自然环境、社会环境等因素的“适应与选择”，并提出了“翻译适应选择论”的思考。所谓“翻译适应选择论”是指在翻译活动中，以译者为中心，通过其发挥主观能动性，展现源语、原文与译语三者之间的辩证关系，将翻译活动的诸多影响因子，如语言、交际、文化、社会、读者、译者、委托者等，进行整合思考与研究，将译者从一元的语言符号维度转换到语言、文化、交际三元维度中进行考察，使之在三元维度中进行适应性选择，构建起翻译—语言—文化—交际—社会—自然互联互动的整合性译论研究模式。

翻译适应选择论是一种以生态学理论为依托的跨学科翻译理论。也是当今一种具有中国特色的翻译理论。同自然界的生物一样，译者在翻译的过程中同样面临着选择与适应。总体来看，翻译适应选择论是一种以译者为中心的翻译理论，充分体现了人在翻译活动中的重要作用。它的哲学基础是强调译者主体对自然客体的关联和整体统一。整体性、关联性是生态学的研究原则，相对于以往的翻译方式，翻译适应选择论的最大优越性就在于其整合性原则。

三、生态翻译学的概念界定

生态翻译学(Eco-translatology)是由胡庚申教授提出的全新翻译理论，是在翻译适应选择论基础上提出的一种以生态学基本理论为依托的跨学科翻译理论。它是"运用生态理性，从生态学视角对翻译进行综观的整体性研究，是一个'翻译即适应与选择'的生态范式和研究领域"。胡教授(2008:11－15)指出，生态翻译学既是一种"实指"，又是一种"喻指"；所谓"实指"指的是取向于译者与翻译生态环境相互关联的研究，特别是译者在翻译生态中生存境遇和能力发展的研究；所谓"喻指"指的是将翻译生态与自然生态作隐喻类比而进行的整体性研究，从语言维度、文化维度和交际维度三个层面对翻译活动的本质、过程、方法、标准以及原则等进行整合性译论研究，对翻译现象进行全新的阐释和描述。

四、生态翻译学的研究焦点

生态翻译理论具体阐述了"翻译适应选择论"对翻译文本的解释功能，一是翻译过程——译者适应与译者选择的交替循环过程；二是翻译原则——多维度的选择性适应和适应性选择；三是翻译方法——"三维"(语言维、交际维、文化维)转换；四是评价标准——多维转换程度、读者反馈以及译者素质。

目前，该理论共涉及九大研究焦点和理论视角，即生态范式、关联序链、生态理性、译有所为、翻译生态环境、译者中心、适应选择、"三维"转换、事后追惩。下面仅就其中的三种展开研究。

（一）翻译生态环境

翻译生态环境是译者与译文生存状态的总体环境，由所涉及的文本、文化语境与“翻译群落”及精神和物质构成的集合体。译者以外的一切都可以看作翻译的生态环境。翻译的生态环境是译者多维度适应与适应性选择的前提和依据。翻译生态环境是一个比语境更宽泛的概念。语境仅仅是以使用语言为参照，不包含语言本身或语言使用。而翻译生态环境是译者和译文生存状态的总体环境，范围极其广泛。它是由所涉文本、文化语境与“翻译群落”及精神和物质构成的集合体。可以说，译者以外的一切都可以看作翻译的生态环境。翻译生态环境是翻译者多维度适应与适应性选择的前提和依据。

（二）适应与选择

生态翻译学认为，“适应”与“选择”是译者的本能，是翻译过程的实质。译者不仅要适应生态环境，而且要以生态环境的“身份”实施对译文的选择。适应的目的是求存、生效，适应的手段是优化选择；而选择的法则是“优胜劣汰”。从这个角度说，翻译可以被描述为译者适应和译者选择的交替循环过程。

在生态翻译学的基础研究“翻译适应选择论”出现之前，有关“适应”与“选择”之间的关系鲜有人论及和做出系统的阐述。翻译适应选择论认为，对于译者来说，翻译的过程既要适应，又要选择；所谓适应，是指译者对整个翻译生态环境（包括自然环境与社会环境、语言因素与超语言因素等）的适应；所谓选择，是指译者在翻译活动中有所作为，对翻译生态环境诸要素中有价值的因子进行选择，以便得到“整合适应选择度”最高的译文。因此，译者既要在选择过程中不断地适应翻译生态环境，又要在适应中不断对翻译生态环境诸要素做出选择；因此，生态翻译论的适应与选择过程是一个“你中有我，我中有你”的过程，是一个辩证统一的过程；整个翻译活动可以看作是一个选择性适应与适应性选择不断交替往复的循环过程。也正是译者通过不断发挥主观能动性进行适应与选择，在此过程中“整合适应选择度”最高的译文才得以形成。

生态翻译学认为，“适应”与“选择”是译者的本能，是翻译过程的实质。译者不仅要适应生态环境，而且要以生态环境的“身份”实施对译文的选择。适应的目的是求存、生效，手段是优化选择，而选择的法则是“优胜劣汰”。从这个角度说，翻译可以被描述为译者适应和译者选择的交替循环过程。

（三）“三维”转换

“三维”转换就是指语言维转换、文化维转换和交际维转换。语言维转换就是指译者在翻译过程中对语言形式的适应选择转换。这种转换可以发生在翻译过程的不同阶段、不同层次和不同方面。文化维转换就是译者在翻译过程中关注双语文化内涵的传递与阐释。它关注的是源语文化和译语文化在性质和内容上存在的差异，避免从译语文化观点出发曲解原文。交际维转换就是指译者在翻译过程中关注双语交际意图的适应选择转换。它要求译者除语言信息的转换和文化内涵的传递外，把翻译选择转换的侧重点放在交际的层面上，关注原文中的交际意图是否在译文中得以体现。“三维”转换是发生在翻译操作层面的，具体指导译者应如何进行翻译。

五、生态翻译学的哲学理据

中国哲学的基本问题是天人关系问题，即自然与人的关系问题，中国古代哲学中蕴含着丰富的生态思想，这在中国哲学的主要流派，儒、道两家学说中有明显表现：儒家以“天人合一—天人感应—天人遂通”为理论骨架，主张天人和谐、平衡；道家以“道法自然—人道契合—人道为一”为思维路径，追求人性与自然本性的一致。此外中国哲学属于生态哲学还有其内在的因素，即中国大多数哲学家的文人思维范式、中国古代自给自足的农耕环境、中华民族原始的宗教心理和强烈的报恩情结等。

我国长期存在“人定胜天”的思想观念和主观意识。随着科技的发展和全球化的不断深入，人类对自然的干预达到了空前的地步，这种发展观无形中把自然放到了人类的对立面，人类对自然的索取和掠夺多于对自然的反哺和回馈，造成取予不均，这种发展观无形中会造成人类延续中的代际间的不公平。正如有人所说的“我们不是继承父辈的地球，而是借用了儿孙的地球”，结果必然导致“生态赤字”，出现生态失衡。因此，近年来生态问题已然成为国际社会关注的焦点问题，引起了包括自然科学和人文科学在内的学界的高度重视。

翻译是一种以人类为参与主体的活动，作为翻译活动主体的人势必受到赖以生存的自然环境和社会环境的制约，不同生态环境下的人对翻译会做出不同的理解。基于生物学家达尔文的进化论提出的自然选择和适者生存理论，清华大学胡庚申教授提出了生态翻译学理论。生态翻译学理论主要是从生态学的角度出发去研究翻译，所以其诞生与发展也离不开人类的生存环境。生态翻译学强调译文的生命、译者的生存、翻译的生态，这要求译者要从整体意义上进行整合性优化选择。另外，译者也必须考虑翻译生态环境，才能创作出有强大生命力的译文，才能保持翻译的生态平衡。

六、生态翻译学的研究范式

范式(paradigm)是一个较为宽泛的概念，它涉及的是特定研究领域里大的“方向”和大的“原则”，是一种研究途径或研究模式的总体理念、价值判断，生态翻译学多次对其译论“范式”做出定位。例如，在谈到生态翻译学的基础理论“翻译适应选择论”的研究目的时指出，“在于试图找到一种既具有普适的哲学理据、又符合翻译基本规律的译论范式”；其翻译观是“着眼于‘人’，致力于

‘纲’举‘目’张，最终确立译者为中心的‘翻译＝适应＋选择’的理论范式”。翻译适应选择论还被概括为“以达尔文‘适应/选择’学说的基本原理和思想为指导、以‘翻译即适应与选择’的主题概念为基调、以‘译者为中心’的翻译理念为核心、能够对翻译本体作出新解的翻译理论范式”；该理论“致力于揭示和复现翻译之本来面目，并试图找到一种既有普适的哲学理据、又符合翻译基本规律的译论范式”。总之，作为一个具有跨学科性质的生态学翻译研究途径，生态翻译学是运用生态理性、从生态学视角对翻译进行综观的整体性研究，是一个“翻译即适应与选择”的生态范式和研究领域。

由此可见，翻译活动并非简单地把源语言译成目标语，而是要根据不同语言之间的文化差异性，了解其文化背景，根据不同的语言环境、性质和内容为译文选择合适的生态翻译环境。此外，译者在翻译时还应注意不同时期、不同阶段的语言形式，了解文化内涵，明确说话人想要表达的思想，准确地对文化信息进行转换。在向外国人介绍中国时，尤其是介绍中国历史时，要结合中国的历史背景这个大环境，注意不同时期的语言形式。例如，“春秋战国”应译为 The Spring and Autumn Period 而不能译成 The Spring and Autumn Nation。

第三节 翻译与文体学

20 世纪 60 年代，美国著名翻译理论家尤金·奈达认为翻译即“Translation consists on reproducing in the receptor language the closest natural equivalent of the source language, first in terms of menning, and second in terms of style.”（翻译是指用接受语再现源语信息的最近似的对应信息，首先考虑意义，其次是文体）。指出语义对等和文体对等是考察翻译活动的两个重要维度。翻译与文体的密切关系越来越为翻译界所重视。文体学对确定翻译工作和译文的社会功能具有重大的实践意义，并为翻译理论的探讨开辟了新的途径。翻译必须随文体之异，随原文风格之异而调整译文，必须保证译文对原文文体和风格的适应性。

语言被不同的人使用，其身份、职业、场合、目的等不同，固然就产生使用语言的习惯和差异，这些习惯和差异表现为不同的文体特征，所以产生各种各样的文体，但各种文体有共同点，这就是语言的共核（the common core）。“各种文体的语言共核指按照普通的方式运用的基本词汇、基本句式、基本表达手段”（王佐良、丁往道，1996：ⅰ）。例如，我国小学、中学和大学学生所学的英语就是英语的共核部分，是使用英语者经常需要用到的英语词汇、短语、句型等。体现各种文体差异的是那些不同于语言共核的语言部分，换言之，是非常规语言的部分，即：语言的变异（deviation）。例如，商务文体中有一些只有在商务环境下常用的语言现象：pro forma invoice（形式发票），here in after（在后文），balance sheet（资产负债表）等。

一、文体的出现及其含义

在西方，对文体的研究可追溯到古希腊、古罗马时期。著名的希腊哲学家柏拉图、亚里士多德以及古罗马政治活动家西塞罗都论及到文体风格。西塞罗将演说风格分为朴素的、中间的和华丽的三种。英国作家 Jonathan Swift 对风格有精辟的见解“将恰当的词用在恰当的地方即是风格的确切含义（Proper words in proper places make the true definition of a style.）”。我国古代的《易经》有“修辞立诚”之说；孔子亦曾说过“辞达而已矣”。前者着重忠实表达思想应该是修辞的首要目的，后者的意思是强调语言应该尽可能地表达思想。刘勰的《文心雕龙》是一本涉及文体的风格的著作。他在书中的《体性》篇中，将文体分成了八种——“若总其归途，则数穷八体：一曰典雅，二曰远奥，三曰精约，四曰显附，五曰繁缛，六约壮丽，七曰新奇，八曰轻靡”；他还指出“辞尚体要，弗惟好奇，盖防文滥也”，用现代白话文解释，意为：文章要体现精要，不能只喜好奇异，其目的是防止滥用文辞。

文体，是指独立成篇的文本体裁（或样式、体制），是文本构成的规格和模式，一种独特的文化现象，是某种历史内容长期积淀的产物。它反映了文本从内容到形式的整体特点，属于形式范畴。（百度百科）根据秦秀白（2002：2）的研究归类，文体（style）有以下一些涵义：(1)表达方式说：认为文体是语言使用的一种方式，它属于言语，而不属于语言；(2)外衣说：文体是思想的外衣；(3)行为方式说：文体实际上是一种个人的行为方式，就写作而言，文体风格是写作的一种行为方式；(4)选择说：文体特征体现在对不同的表达方式的选择（这是比较普遍的观点）；(5)社会情景制约说：语言的使用离不开社会情景；(6)语言成分排列说：文体特征体现在集合特点的综合，体现在超出句子以外的语言单位之间的关系上；文体就是语篇结构模式的重复出现或聚合；(7)偏离说：文体是对常规的某种偏离（deviance），偏离常规可以产生“前景化”（foregrounding）的效果。

根据中国社会科学院语言研究所词典编辑室（1998：1319）的记载，文体即文章的体裁：就文体讲，公文、书信、广告等都归入应用文。

方梦之（2004：166）认为，文体有广义和狭义之分。狭义指文学文体，包括个别作家的风格。广义的指一种语言的各类文体。例如，口语体和书面体。而这两者之中，又有若干分支。例如，在口语体中，会议的正式发言显然不同于日常闲谈，各有其语音、语句、语法和篇章的特点；书面语又可分为文学语、专门语及共同语（普通语）三类。

二、文体、风格与语体

文体、风格及语体是三个极易混淆又有着密切联系的语言学概念，也是翻译研究要参考的三个重要维度，优秀的译文除了要忠实于原文文本，而且要符合译语接受群体的表达习惯和行文习惯，也即要参考文本文体、行文风格及语体。因此，必须首先弄清楚这三个概念之间的联系与区别。

（一）文体

语言是人类社会文明进步的产物，是信息的载体，在交际过程中，因交际对象、交际内容、交际环境、交际主题、交际目的等不同，将语言运用到不同交际场合便会产生具有不同交际功能的文章体例或文本类型，即“文体”；文体最初是修辞学的概念，在古希腊被视为一种语言说服的技巧。“亚里士多德、西塞罗、昆提良都把风格（即文体）看成是思维的适当修饰”（《简明不列颠百科全书》）。H. Shaw 的《文学术语辞典》将文体界定为“将思想纳入语词的方式（the manner of putting thoughts into words）”。他声言，文体“涉及表达方式而不是所表达的思想的文学选择的特征”。

“文体”的英文表达为 style，即文章或作品的体裁，是一种话语表现形式，侧重于作品形式层面的表达。而文体学，则是研究各种文体的形式，研究各类文体的特征、功能、意义等的学科。广义上讲，根据语言在使用过程中发挥的社会功能，文体可分为应用文体和文学文体两大类。其中，应用文体分为科技文体、法律文体、旅游文体、广告文体、新闻文体等，而文学文体分为诗歌、散文、戏剧、小说等。

总体来说，文体不仅仅是文学体裁、语言、风格和结构，更是时代、作家、文学体裁、语言风格的综合体。具体来说，文体可以细分为四个层次。

第一层次：文类文体，也即各种文学体裁的文体。此一层次的文体的功效在于明确各种文学门类的外在形式和内在肌理的不同，如小说、诗歌、散文和戏剧的区别等，这是文体的最为外显的层次，也是文学文体的具体化形态。

第二层次：作为语言现象的文体，也可称为文学作品的语体文体。它包括作家对语体的选择和编码方式，还包括一个作家特有的表述方式、用词的习惯以及语气、调子和标点符号的使用等。语体文体是文体最基本的要素，它属于个体的文体，具有浮雕性、可感性和不可重复性。因此，语体文体是识别一个作家风格的最可靠标志。

第三层次：主体文体，它是特定的作家艺术地把握生活的方式，也是一个作家作为创作主体的艺术思维的总和。别林斯基曾指出："文体——是才能本身，思想本身。文体是思想的浮雕性、可感性，在文体里表现着整个的人。"（注：别林斯基：《别林斯基论文学》，上海译文出版社 1979 年版，第 234 页）在此，别林斯基从个性、人格和精神，即从"整个的人"来分析文体的特征，由于主体文体不仅最鲜明地体现了作家的主体意识，而且包含了作家潜在的美学的、情感的、个性的审美心理结构，因此主体文体可视为是一种"深层结构"的文体形式。

第四层次：时代文体或民族文体，这是在语体文体和主体文体的基础上扩展起来的文体。当历史的某一时期，作家们的主体文体意识得以觉醒，并不约而同地采用相近的语体文体进行创作；同时，这些创作又打上了鲜明的民族文化的烙印，这时带有民族特色的时代文体也就产生了，这就是所谓的每个特定的时代都有其特定时代的文体，如五四时期的"白话文体"就属于"时代文体"。由于文体的源远流长和构成的复杂性，以上对文体层次的划分只能是相对的，并未穷尽文体的外延和内涵。据此，可以根据翻译研究的重点，从不同的层次或不同的角度来把握译文的走向。

以上是众家对文体的阐释。不同的文体具有不同的语言特点，在词汇、句式、修辞、结构等方面都表现出很大的差异。应用文体，如合同、契约、法律文书、学术论文等要求庄重、严谨、程式化的文体；广告商标文体注重语言的感召力和呼唤功能，句式凝练简朴，注重修辞手法。文学文体涉及的题材、体裁广泛，词汇丰富，语言生动，句法多变，风格多样，如散文、诗歌、戏剧、小说等要求口语化、文艺化的文体。因此，对于不同文体的文本进行翻译时，要求在词汇、句法、语篇等方面必须体现其文体特点。

（二）风格

“风格”，其对应的译文也是 style，但其侧重某一作家或作品整体的行文风貌，可分为作家风格、作品风格、语言风格、言语风格等。而这里所指的语言和言语含义截然不同，语言是一种以语音和字形为外壳或形态的符号系统，是一种以词汇为材料、以语法为构架的机构体系，而言语则是指人们运用语言材料和语言规则进行交际的行为或活动；风格总体上体现为语言修饰思想内容的特定方式，或作品语言格调上的总体表现，如海明威作品的硬汉风格，李清照诗词的凄婉风格、李白诗歌的豪放风格、杜甫诗歌的沉郁风格、李商隐诗歌的幽婉风格等。

（三）语体

不同的交际领域和交际目的，使人们在交际活动中形成许多在运用语言材料和表现手段上具有不同特点的语言表达体系。这种语言表达体系就是语体。“语体”一词来源于语言学，它是语言学界的基础理论，属于应用语言学范畴。

1960 年，苏联语言学家维诺格拉陀夫曾在《语言风格与风格学论文选择》一书中指出：“语体是社会所意识的、在功能上被制约的、内部相结合的、在某一全民的、全民族的语言范围内运用、选择、组合语言交际手段的方法总和”。其核心可概括为“语言范围”“语言交际手段的方法总和”，可见语体是研究语言运用中语言的手段方法的概念。

20 世纪 50 年代受到苏联风格学问题大讨论的影响，语体研究开始走进中国人的视野。在人们的语言和言语行为中，语体与语言相生相伴，人们只要运用语言进行交流交际，那么其言语方式就必然遵循于某一种表达规律。而各种表达规律的不同往往是因为交际领域、交际对象、交际目的和交际人物的差别，也就是说言语交际最适切的表达规律一定是在适切的场合，就适切的范围，为了适切的目的，向适切的对象，用适切的方式进行交际。那么久而久之，同类的交际场合、交际对象、交际领域、交际目的就会形成“群”固定下来，而与之最相适应的言语表达就会形成“体”规范下来。不同的“体”综合起来就是整个语体体系。这是社会功能分化带来的交际领域分化，从而形成语言表达功能上的分化。所以，语体就是运用民族共同语的功能变体，是适应不同交际领域的需要所形成的语言运用特点的体系。（摘自宋怀强老师的日志 2009—07—07）

所谓语体（a register of language），就是人们在各种社会活动领域，针对不同对象、不同环境，使用语言进行交际时所形成的常用词汇、句式结构、修辞手段等一系列运用语言的特点。各种语体的不同特点和不同语体色彩，都是通过语音、词汇、语法、修辞方式、篇章结构等语言因素以及一些伴随语言的非语言因素具体表现出来的。（网络）“语体”是语言在使用过程中的级别或正式程度，如冷淡、正式、征询、随便、亲密等，通常可以分为口语和书面语、正式语体和非正式语体等类型。

近年来，语体研究越来越为人们注目，语体学已成为现代修辞学的一个重要分科。在实际生活中，根据不同的语言环境来有效地进行语言交流，不仅涉及内容，而且也涉及语言的本身，涉及语言材料及其表达手段、组合方式等的准确选择。因此，语体学可以说是现代语言学中紧密联系社会交际环境来研究语言可变性规律的一门分支学科。语体分为口头语体和书面语体两类，其中口头语体包括谈话语体和演讲语体，书面语体又分为法律语体、事务语体、科技语体、政论语体、文艺语体、新闻语体、网络语体七种。

三、文体思维与翻译

文体指的是一定的话语秩序所形成的文本体式，它折射出作家、批评家独特的精神结构、体验方式、思维方式和其他社会历史文化精神。而翻译则是基于文本内容、形式和内涵的语言转换行为，首先接触到的是文本形式，然后才是内容层面。文体作为作品的话语体式或结构方式，是揭示作品形式特征的概念，而形式与内容则是译者要面对的问题的两个维度，二者的统一则是对译者提出的必然要求。文体不仅与创造者有关，也与接受者有关。就翻译而言，在翻译的解读过程中，创造者指原作者，接受者指译者；就物化的译作而言，译者又是创造者，译文读者是接受者。文体不管是作为语言结构方式，还是作家的个性表现，都离不开其赖以存在的社会文化土壤，由此而产生从社会文化的视角审视文体，为文体的特征、创造、阐释与接受提供宏观的研究框架。就翻译而言，这是一种跨文化的宏观背景。因此，对于文体学的探讨可从语言学的、心理学的、阐释学的和文化学的理论视角进行切入。

首先，合格的译者应具备文体感。文体感是人们对语言表达所传递的体裁风格的一种敏感度和素养，是一种语言直觉和语言经验。毋庸置疑，译者必须具备文体感才能更好地把握和理解源语的内涵，才能运用相应的翻译策略对信息进行解构和传递，才能译得出精彩的译文。

其次，译者还应具备文体思维。对于翻译而言，仅具备文体感是远远不够的，若不具备文体思维，译者只是一个会阅读或鉴赏原作的人，而不一定会创造出好的译品。文体思维是“关于实现文章文体的全部思维操作技术的特征、倾向、选择、实现的意识行为”。

龚光明在《翻译思维学》一书中系统性地对思维翻译论进行了阐述，具体包括以下几点。(1)形象思维翻译论。运用中西比较诗学和思维学从言(象)意论、变相论、形神论、创造论四个角度深刻地论述形象思维与翻译的关系；专辟意象翻译论、意境翻译论，把东方文艺的范畴理论和西方的原型说与解读学结合起来，突现原型意象、情绪意象和语言意象，强调翻译中意象的形、声二维性及审美物化，揭示文学意象有机的三维结构。(2)灵感思维翻译论。侧重于灵感的诱发，从三个层面展开：意境的直觉：文本结构；情感的磨荡：解读结构；灵感的物化：生成结构。从视觉思维、音乐思维的角度探讨这两种艺术思维方式与翻译的关系。(3)逻辑思维翻译论。翻译是以逻辑思维为主线，形象思维、灵感思维等相谐互动的整合过程，主要从科学逻辑与翻译、艺术逻辑与翻译两重维度入手探究逻辑与翻译之间的关系，前者重点论述科学翻译的本质、特征，科学逻辑、诠释学与翻译的关系；后者从形象直觉、意象孕育、意象表达、形象反馈方面阐释艺术逻辑与翻译的关系。(4)语义思维翻译论。主要探讨语言义、言语义、言语意图之间的关系；论述词义的翻译、句义的翻译；分项有词汇语义学、句子语义学、文学意义与翻译。(5)语用思维翻译论。运用认知语用学的理论，侧重从动态的角度论述语境化与翻译的关系，主要从人类语言学与翻译、文学人类学与翻译两重维度探究语用学与翻译之间的关系。(6)模糊思维翻译论。主要探讨模糊逻辑、精确思维与模糊思维、模糊语言等与翻译之间的关系。(7)语篇思维翻译论。从整体出发突破传统的字、词、句、段的翻译模式，把语篇分析和篇章语言学的理论运用于译作分析和翻译实践中。(8)文体思维翻译论。区分实用文体与文学文体，侧重论述诗歌思维、小说思维、散文思维、戏剧思维与翻译的关系，运用文体学的最新理论成果梳理和联结语言学理论和文学理论，把翻译两大流派理论整合起来，用以指导各体翻译。(9)创新翻译论。从更宏观的高度，运用创造性思维中的最新理念把前述各方面有机整合起来，以充分发挥译者的主体思维活动和实际运用双语进行转换的能力。

马正平认为，“翻译是一种亚写作”。文体学的研究对象是话语或文本，而文体思维学的研究对象则是写作者的写作行为、写作思维、写作心理；据此，作为亚写作的翻译创作，其翻译文体思维学的研究对象即是译作者的译作行为，译作思维和译作心理。简言之，翻译文体思维学研究关注的是源语——译语表达体裁特征的思维特征及其规律。对于译者而言，翻译的本质是一种跨文化的语际交流活动；从翻译思维学的角度来看，必须从总体上关照语体语言的特点，其主要表现在语言、思维、信息和社会效应等四个方面。本质上说，翻译就是正确处理思维内容和语言形式关系的语际传播活动。

翻译教学的最终目的是要培养学生具备较强的对于具体文体的翻译思维能力，即须培养译者面对具体文体译作处境时所取的思维取向及做出的选择与操作。就原文本而言，各种文体写作的文体思维是大不相同的，文学文本的主题立意是以形象思维来进行的，而实用写作的主题立意则是靠抽象思维来进行的。作为亚写作的翻译，逻辑思维与形象思维往往是相辅相成的。翻译学必须对文体思维作全方位的观照，文体翻译思维必须对文体演变这一文学语言现象、心理现象和文化现象进行全面把握，综合地、创造性地运用逻辑思维、形象思维和直感思维这三种思维形态对原作进行解构与重构，以使译品最优化。

第二章 生态翻译范式下应用文体翻译相关问题

翻译活动是人类借助语言符号进行信息交流、情感互动和文化传播的重要媒介，其植根于社会生活并以服务社会生活为根本宗旨，因此翻译活动本身具备社会特质和社会功能。应用文体包罗万象，涉及社会生活的方方面面，如政治、经济、科技、法律、商贸、旅游、新闻、影视等，具有很强的目的性和实用性。近年来，随着我国与各国政治、经济、文化交流活动的日益频繁，应用文体翻译的研究开始引起越来越多学者的关注，研究视角亦呈多元化趋势，如功能派翻译理论视角、关联理论视角、顺应论视角、目的论视角、动态对等理论视角等，但以上理论对应用文体翻译缺乏系统性、整合性和宏观性的理论指导，存在很大的局限性。鉴于此，清华大学著名学者胡庚申教授从跨学科的生态学视角研究人类翻译活动，并在翻译适应选择论的基础上提出了生态翻译学理论，旨在以生态学的整体观、系统观以及发展观为宏观指导，探究译者的翻译行为和翻译活动，开启了翻译研究的生态学理论范式。

与传统的翻译研究范式强调原作与译文的对等以及读者的反馈不同，生态翻译学强调译文的生命、译者的生存和翻译的生态，强调翻译活动中译者主体性的发挥，以生态理性（整体/关联、动态/平衡、多样/统一等）为指导原则，强调翻译活动要“以译者为中心”，“译有所为”，以翻译活动为桥梁，在语言、文化、人类、交际、社会、自然等生态因子之间建立起“关联序链”，这要求译者要基于整体观对译文进行整合性优化选择，须考虑整体的翻译生态环境，充分发挥译者的中心作用，才能创造有强大生命力的译文，才能保持翻译的生态平衡。

第一节　生态翻译范式下的译者主体性问题

翻译生态学视域下的译者与传统翻译研究中的译者主体大相径庭。在传统的翻译研究中，译者被称为“仆人”，译者必须对原文“忠实”，评判译者是否称职要考查译文是否忠实于原文。而翻译生态学视域下的译者是翻译的“主人”，译者在尊重翻译生态环境的前提下，要发挥主观能动性，使译文适应翻译生态环境，评判译者是否称职就要看译文能否在翻译生态环境中“优胜劣汰”。在翻译生态环境中，译者主体性应该得到彰显。译者在多个方面进行选择，如怎样认识翻译的本质、如何完成翻译过程、如何遵循原则、如何制订策略、采用何种方法，译者自身的素质，如学识、艺术修养、翻译经验等如何适应翻译生态环境等。译者主体性受到多维度因素的影响。翻译生态学视域下，翻译的本质是译者细致考量翻译生态环境中各种因素，并恰当选择各种因素的交际活动。在翻译过程中，译者需要从多个维度选择并适应翻译生态环境的方方面面。胡庚申(2004)提出译者要作好语言维、交际维、文化维的“三维”选择转换，才有可能产生恰当的译文。我们认为，“三维”仅仅是译者在空间维度完成原文到译文的转换，而翻译的生态环境是由空间和时间两个大的维度交织构成的，因此译者在翻译过程中还需要从时间维度来适应特定的翻译生态环境。概言之，译者在翻译过程中，应该从时间和空间两个维度的生态环境进行适应和选择。

翻译是一种以人类为参与主体的活动，不同生态环境下的人对翻译会做出不同的理解。基于伟大科学家达尔文提出的自然选择和适者生存理论，清华大学胡庚申教授提出了生态翻译学理论。生态翻译学理论主要是从生态学的角度出发去研究翻译，所以其诞生与发展也离不开人的主观能动性以及人类的生存环境。

第二节　生态翻译范式下的翻译生态环境问题

2003 年，翻译理论家 Michael Cronin 在其著作《翻译与全球化》(*Translation and Globalization*)第五章“全球化背景下的小语种”中首次提出“翻译生态学(Translation Ecology)”这一术语(2003:5)。随后，这个术语引领众多学者深入研究翻译与生态之间的关系问题。

胡庚申先生根据达尔文的进化论理论，在“生态环境”定义的基础上，推衍出“翻译生态环境”这个全新概念。他提出，“翻译生态环境”是指“原文、源语和译语所呈现的世界，即语言、交际、文化、社会以及作者、读者、委托者等互联互动的整体。”(胡庚申，2004:174)许建忠先生于 2009 年推出《翻译生态学》一书，提出“将生态学的研究成果引入翻译研究，将翻译及其生态环境相联系，并以其相互关系及其机理为研究对象进行探究，从而从生态学角度审视翻译、翻译研究，力求对翻译中的多种现象进行剖析和阐释”(2009:3)。他认为翻译生态环境是以翻译为中心、对翻译的产生、存在和发展起着制约和调控作用的 N 维空间和多元环境系统。刘爱华(2010)认为，翻译生态学主要考察翻译活动与其生态环境之间的相互作用。方梦之(2011)认为，翻译生态环境可分为两个方面：翻译生态和翻译环境。翻译生态存在于翻译中，两者为一个整体，各组成部分有机联系，和谐共生。翻译环境主要指翻译活动所涉及的外部环境(客观环境)，包括经济环境、文化语言环境以及社会政治环境等的总和。以上学者看待生态环境的角度与侧重点不尽相同。许建忠和方梦之两位学者倾向从翻译中心或翻译内部环境出发，再推及翻译的多元环境系统或外部环境(客观环境)，中心与内部是其优先考虑的因素。方梦之认为，翻译生态与翻译环境可分开定义，共同界定生态环境。较之上述两者，胡庚申所持观点有其独特之处。他认为翻译环境中各因素之间处于协调、平衡、平等与互动的状态。翻译主体，如译者主体、文体主体等也被看作是翻译生态环境中的一部分。方梦之引入经济、文化、社会等因素丰富了翻译的外部环境；许建忠把多维度、多参数的系统观、翻译与生态环境的协调发展观作为研究的基本观点。因此，两位学者更注重译者对翻译各类因素的主观考察和结合运用。胡庚申则较重视译者主体与翻译实践中其他主体之间的互动以及整体环境对于译者和译本的影响。

可以看出，研究者们是从生态学研究中获得启发，把生态学中的重要概念借用到翻译研究中来，研究译者与译者所在的翻译生态环境中诸因素的相互关系。这些要素包括原文、原文背后的文化、译语及译语背后的文化，这些要素相互交织在一起，影响着语言、文化、交际之间的关系，进而使译者与读者之间、原文与译文之间产生互联互动。

翻译生态环境是以翻译活动为中心并对翻译的产生、存在和发展起着制约和调控作用的多元环境系统，既包括自然环境、社会环境、规范环境，也包括原作者、译者、读者及翻译研究者的生理环境和心理环境，而译者始终是处于主导地位的。生态翻译学认为，翻译是以译者为主导、以文本为依托、以跨文化信息转换为宗旨的译者适应与译者选择行为。翻译生态环境是一个非常复杂的环境，这个环境由源语世界和译语世界两个环境组成。这个环境不仅包括语言，还包括源语世界和译语世界历史、政治、经济、社会、文化、交际等各种相关因素。在翻译过程中，译者处于一个由多种因素构成的翻译生态环境中，需要对各种因素做出适应与选择。当然，译者是翻译生态环境中的主体。译者在翻译生态环境中需要发挥主观能动性去为译文开辟生存境遇。也就是说，译者在翻译过程中需要勇敢地应对客观的翻译生态环境，遵循“适者生存”的法则，积极地发挥主观能动性，创造性地产出能够适应翻译生态环境的译文。

第三节　生态翻译范式下的适应/选择问题

翻译适应选择论是一种以生态学理论为铺垫的跨学科的翻译理论，同时也是具有中国特色的一种翻译理论。2001 年清华大学的胡庚申教授在自己的论文中引进了英国生物学家达尔文的进化理论。他从“适者生存”“优胜劣汰”等生物学理念来看待人类的翻译活动。与之相同的，译者在翻译中也面临着适应与选择，如果选择错误，译者就很难继续进行翻译或者译文就不能继续存在。于是，他便围绕着“翻译适应选择论”撰写了许多论文，这些论文都将翻译解释为“翻译是译者对翻译生态环境的适应性选择”等，为翻译的研究提出了新思路。作者在该书中写到：“本文是一部宏观翻译理论研究专著，尝试利用作为人类行为的翻译活动与‘求存择优’自然法则适用的关联性和通融性，以达尔文生物进化论中的‘适应/选择’学说为指导，探讨‘翻译生态环境’中译者适应与译者选择行为的相互联系、相关机理、基本特征和规律，从适应与选择的视角中对翻译的本质、过程、标准、原则和方法等做出新的描述和解释。论证和构建了一个‘翻译适应选择论’的新的译学体系。”以此同时，他还对这一理论进行了实用性和有效性的调查，在《翻译适应选择论》一书中，他还指出：“本项调查结果可以从一个侧面表明，以翻译适应选择论为指导的、或者基本上能体现该适应选择论的解释和译法，对于产生整合适应选择度较高的译文来说是有帮助的。”

第四节　生态翻译学与“翻译适应选择论”

“翻译适应选择论”是一种以生态学理论为依托的跨学科翻译理论，也是当今一种具有中国特色的翻译理论。该理论突出强调“译者”在翻译活动中的中心和主体地位，而非将“读者”视为翻译活动的中心，整个翻译过程中，强调“译者有为”，通过对源语与译语的生态环境诸要素的分析，发挥译者的主体性进行适应性选择与转换，使源语信息在语言层面、文化层面以及交际层面得到最有效的传递；译者在翻译的过程中面临着选择与适应，就像达尔文进化论动物在自然环境中的适应与选择一样，因此出现了“翻译适应选择论”这一学说。总体来看，翻译适应选择论是一种以“译者”为中心的翻译理论，充分体现了人在翻译活动中的主体地位和核心作用，其哲学基础是“强调译者主体对客体的关联和整体统一”。

翻译适应选择论认为，对于译者来说，既要适应翻译生态环境，又要在生态环境诸要素中做出适应性选择，在生态翻译学的研究基础“翻译适应选择论”出现之前，“适应”与“选择”之间的关系鲜有论及，更少有人做过系统的阐述。笔者认为，译者必须首先适应翻译生态环境才能在此基础上对翻译原则和翻译策略做出选择，译者对翻译生态环境的“适应”是第一位的，而做出的“选择”是第二位的；适应性选择的具体特征：一是“适应”，即译者对翻译生态环境的适应；二是“选择”，即译者以翻译生态环境的主体“身份”对译文进行选择。翻译被描述为译者适应和译者选择的不断交替并循环往复的过程。这一循环过程内部的关系是：适应的目的是“求存、生效”，适应的手段是“优化选择”；而选择的法则是“存强汰弱”。翻译批评的标准也从“适应/选择”的视角作了相应的表述：最佳的适应是选择性适应；最佳的选择是适应性选择；最佳的翻译是“整合适应选择度”最高的翻译选择，适应中有选择，即适应性选择；选择中有适应，即选择性适应，整个人类的翻译活动可以看作是译者在翻译生态环境中不断做出适应性选择与选择性适应的辩证过程。

从总体上来看，翻译适应选择论是一种以译者为中心的翻译理论方法，可以通过原文场景的描述，把译者带入到译文中的场景，使译者有一种身临其境之感，也就是将译者放置于生态环境之中。这便是生态翻译学的研究方向。以《生态翻译学解读》一文为起点，通过一系列的论文探讨生态翻译学的跨学科内涵、研究背景和研究重点，将翻译活动归于生态活动的范围之中。

而生态翻译学着眼于翻译生态系统的整体性，以生态翻译为视角，对翻译的本质、原则、方法以及现象做出新的描述和解释。随着后现代主义思潮的出现，西方哲学强调主客体之间的联系，也就是强调主体与客体的关联和整体统一。其次，翻译生态与自然生态有着千丝万缕的关系，它们有着诸多的相似性与关联性。最后，生态学是以人—自然—社会的互为整体作为研究对象，构建一个大的宇宙观。翻译活动也同样涉及人—自然—社会之间的关系，它是具有普遍意义的理论。

第五节 生态翻译范式下的三维转换问题

清华大学教授胡庚申认为生态翻译学以生态整体主义为视角，以华夏生态智慧为依归，以“自然选择”原理为基石，是一项探讨生态翻译、文本生态和“翻译群落”生态及其相互作用、相互关系的跨学科研究（胡庚申，2011）。归根结底，生态翻译学的核心和基础理论就是翻译适应选择论。胡庚申借用达尔文生物进化论中“适应与选择”学说的基本原理和思想，解释和描述了译文产生的翻译过程，即从适应和选择的视角来探讨翻译理论问题，这是一种新的从生态学视角进行尝试的翻译研究，其理论的基本理念就是译文的适应与选择，即最佳译文是生态翻译下多维度适应和适应性选择的累积结果；对于译者，适者保存并发展；对于译文，适者生存并生效。生态翻译论的多维整合原则要求译者在充分了解源语生态及译语生态的基础上进行“多维转换”，其中最主要的是进行语言维、文化维、交际维的“三维”转换。翻译是跨文化交际的主要手段，是“以译者为主导、文本为依托、以跨文化信息传递为宗旨，译者适应翻译生态环境对文本进行移植的选择活动"(胡庚申,2013)。翻译是一种双语转换活动。译者首先面临的难题是源语与译语之间的不对称性。因此,充分了解源语生态与译语生态显得十分必要,尤其是源语与译语的语言特征、习惯、表达方式等。

多维度、多元素共同构成了翻译生态环境,而源语生态环境同译语生态环境之间又存在着巨大的生态差异,因此,为实现译文的"生存"与"长存",译者必须进行"选择性适应"和"适应性选择"。这种适应与选择体现了整个生态翻译的适者生存原则。因此,适应选择论的翻译方法,可以简略地概括为"三维"转换,即在"多维度适应与适应性选择"的原则之下,相对地集中的语言维、文化维和交际维的适应性选择转换(胡庚申,2006:50)。语言的转换是翻译,文化的载体是语言,交际的积淀是文化,由于语言、文化、交际存在着符合逻辑、内在的关联,于是正好再现了翻译转换的基本内容。"多维转换"要求译者综合考虑全句、全段、全文,从多维度进行译文处置,即不但要进行语言维度转换,还要关照源语文本的文化内涵、交际意图等多个维度,并在此基础上保持源语生态环境与译语生态环境的平衡。生态翻译的理念强调译文要适应特定的语言、文化和交际功能以及翻译活动所赖以生存的生态环境,翻译适应选择论是一种以译者为中心的翻译理论,强调译者的主观能动性和主体地位以及翻译过程的整合性,通过"展现源语、原文和译语在语言、文化、交际三元维度中的适应与选择,提出翻译—语言—文化—交际—自然相互关联的整合性译论研究模式"。"适应选择转换于语言维度"指的是在译者在翻译时,对转换使用表达方式适应性选择上的关注;"适应选择转换于文化维度",指的是译者在翻译中,对解释和表达两种语言文化各自内涵上的关注;"适应选择转换于交际维度",指的是译者翻译中,对两种语言交流意图中转换适应性选择上的关注;而翻译想要突出的生态环境是指由源语、译语和原文共同组成的环境空间,具体指交际、社会、文化、语言,加之读者、委托者、作者等相互联系的整体。这些影响因子对于衡量译者是否做出最佳选择和最优适应，即译文是否达到最优化境界提供了参考。

由于中西方语言的巨大差异，语言维度的转换应选择恰当的词汇、句法、修辞、文体风格以及语序来达到译文对译语生态环境的适应，并最大程度地保持源语生态。在充分分析了源语言的整体生态环境后，应该对语言形式进行适应性选择。语言维的适应性选择转换强调“译者在翻译过程中对语言形式的适应性选择转换”(胡庚申，2009：51)。因此，为了忠实准确地传递源语信息，必须充分考虑翻译过程中的生态环境，对语言维(即语言形式)的不同方面和不同层次进行适应性选择转换。语言维关注的是译文的文本语言表达。由于语言是文化的载体，并和文化、交际等因素往往是相互交织、难以分割的关系，因此语言维度适应性选择转换并不意味着其他维度或元素在翻译过程中不起作用，相反它们呈现一种联动关系。

“由于源语文化和译语文化在性质和内容上往往存在着差异，为了避免从译语文化观点出发曲解原文，译者不仅需要注重源语的语言转换，还需要适应该语言所属的整个文化系统，并在翻译过程中关注双语文化内涵的传递(胡庚申，2006：51)。”翻译是跨语言、跨文化的交流，因此译者必须保持清醒的文化意识，注意文化差异造成的障碍，并最大程度地保护源语文化同译语文化之间的生态平衡，以最终实现信息交流的目的。以时政文体翻译为例，由于中西方文化差异，尤其是在政治体制上的差异，导致外宣翻译时常面临重重困难，一方面要准确、客观地将源语翻译成目的语，另一方面要避免在文化、宗教、政治方面的误解甚至引起国家与国家之间的争端。译者应以中国特色文化为背景，从文化维的角度出发来寻找到最佳的语境假设，结合自己原有的背景知识进行恰如其分的文字转换，并在文字转换的过程中切实保留原文的信息价值、审美价值及艺术价值。在时政翻译中，译者应在意识形态和文化差异的基础上使得翻译在多维适应性原则下，从文化的维度，根据具体的语境来选择适当的、相对应的翻译语句，从而满足被西方的读者理解和接受的需求。从文化维的角度来达到生态翻译的平衡，就必须充分了解源语文化还是译语文化的背景知识。无论是源语文化和译语文化，作为译者都必须准确把握文化的内涵和外延，以期达到生态翻译中的从文化维度来选择适应性的原则。

在翻译过程中，交际意图的适应性选择转换是指译者除了语言和文化转递外，还应把选择转换的侧重点放在交际维上，既关注源语系统里作者的总体交际意图是否在译语系统里得以体现，是否传递给了译文读者；又关注源语系统里包括原文语言/文化形式和语言/文化内涵的交际意图是否传递给了读者（胡庚申，2013）。因此，追求原文和译文之间的交际生态能够得到最佳的维护和保持，是交际意图的适应性转换的最高目标，即原文的交际意义及交际意图得到最佳适应和选择。交际意图可分为不同层次的显性意图及隐含意图。表层显性意图往往是为了满足交际对方的意愿，而深层隐含意图则可能追求加强联系，增进友谊等目的。

第六节　生态翻译范式下的整合性译论研究问题

著名教授胡庚申从生态学的角度结合翻译领域的研究，提出了一个新的跨学科理论即生态翻译学。该理论对翻译相关的标准、本质、方法、过程、原则和现象等做出了全新的界定和诠释。多维整合原则是指在保持文本生态的基础上，为实现译文能在新的语言、文化、交际生态中“生存”和“长存”而追求的译文整合适应选择度。所谓“整合适应选择度”，是指译者产出译文时，在语言维、文化维、交际维等多维度的“选择性适应”和继而依此、并照顾到其他翻译生态环境因素的“适应性选择”程度的总和（胡庚申，2011）。因此，译文优劣的标准在于其“整合适应选择度”，其程度越高，译文的质量越高。生态翻译论的多元维度整合理论视角对于源语言文本的翻译具有重要的指导意义。“多维整合”原则要求译者在翻译实践中注重语言维度、文化维度和交际维度的“三维”转换，在“多维整合”原则指导下进行适应性选择和选择性适应的转换，同时选择与转换也呈现出多样性。因此，在翻译过程中，译者不可能从单一维度来达到跨文化交际的目的，而往往是通过三元维度的整合，或者多维角度的组合方式来真正体现生态翻译的最终目的，即在多维整合原则的基础上，在源语和译语之间构建一个沟通和理解的桥梁，从而达到有效的交际目的。

第七节 生态翻译学与翻译生态学之辩证关系

全球性的生态理论热潮中，国际翻译界从“生态”“环境”等生态学视角描述翻译活动的相关研究在翻译文献里日渐增多(Warren,1989 & Wilss,1996 & Katan,1999 & Cronin,2003)。有关翻译与生态之间辩证关系的相关研究也日益受到国内学者的广泛关注，国内存在着两种研究体系，即“生态翻译学”和“翻译生态学”，这两种体系既互相关联又相互区别。Michael Cronin 提出的翻译生态学与胡庚申教授基于英国著名生物学家达尔文的“进化论”提出的生态翻译学是两种从本源上具有同质性的翻译理论，两者之间是既相互联系又相互区别的辩证关系，前者强调翻译系统内部诸要素之间的生态关系，而后者强调翻译活动诸要素与自然环境及社会环境之间的生态关系。

一、关于生态翻译学

“所谓生态翻译学，并不是一个独立的学科门类，而可以理解为一种生态学途径的翻译研究；或生态学视角的翻译研究。对翻译研究来说，生态翻译学既是一种‘喻指’，又是一种‘实指’。所谓‘喻指’，指的是将翻译生态与自然生态作隐喻类比而进行的整体性研究；所谓‘实指’，指的是取向于译者与翻译生态环境相互关系的研究，特别是译者在翻译生态中的生存境遇和能力发展研究”。他将翻译生态整体性与译者主体性科学地融汇、并纳入到翻译的定义之中。而能够体现上述认识的《翻译适应选择论》，被视为生态翻译学初期发展的一项探索性的基础研究（胡庚申，2009，(2)：47—53）。《翻译适应选择论》将达尔文的生物进化论引入翻译研究。研究表明，达尔文的“适应、选择”学说与翻译活动是相关且相通的，运用这一学说的基本原理确实可以合理地解释翻译活动；在“求存择优”的基本思想指导下是能够确立翻译适应选择论的（胡庚申，2004：174）。《翻译适应选择论》是以世界著名的生物学家达尔文的物种进化论为阐释理据和研究视角，也就是说其切入点是生物学相关理论，而不是生态学相关理论。正因为其切入点是达尔文的生物进化论，其论证过程中必然会强调“物”的重要作用，因而其研究结论必然是确立以“译者为中心”的理论框架。以译者为中心是一种新的人学本体论，“译者为第一性，原文为第二性。这样就把译者解放了，不再戴着脚镣手铐跳舞了”（胡庚申，2004：1）。“必须指出，胡庚申先生的‘翻译适应选择论’的体系中，也包含着对‘译者中心’地位的认定和对‘译者主导’理念的诠释，这不妨可看作由‘翻译研究的人类学转向’向‘翻译研究的生态学转向’的必要过渡”（孟凡君，2009：48—53）。

二、关于翻译生态学

如前所述，翻译生态学是由爱尔兰都柏林城市大学人文科学系系主任兼翻译与语篇研究中心主任 Michael Cronin 在其 2003 年出版的著作《翻译与全球化》中首次提出的，当时 Cronin 用了其中的一节篇幅来论述。许建忠对此曾给予较高评价，认为这对发展跨学科研究，开拓翻译科学新领域是一个重要的贡献（许建忠，2009/2010）。

《翻译生态学》是许建忠教授主编的、由中国三峡出版社出版的一部对翻译生态进行系统论述的著作（2009）。“翻译生态学紧紧围绕‘翻译生态’这一主题展开，从翻译与其生态环境之关系入手，以翻译系统为纵深推进之主线，以生态体系为‘横断面’，建立起全书纵横交织的整体构造和框架，科学、客观地阐释了翻译生态学的内涵以及翻译存在的生态环境、生态结构和生态功能，全面、深入地揭示出翻译生态之基本原理和规律，阐述了翻译生态的演进、翻译行为生态及其评估标准，并提出了实现翻译可持续发展应遵循的原则。本书以翻译学和生态学作为理论基础，在自然科学和社会科学之间架起一座桥梁，创造了一个新的空间，为翻译理论研究开辟了新的视野，旨在建立翻译生态学这一崭新学科（许建忠，2009）。”

“抽象地说，翻译生态学是研究翻译与其周围生态环境之间的相互作用的机理与规律。具体地说，就是将生态学的研究成果引入翻译研究，将翻译及其生态环境相联系，并以其相互关系及其机理为对象进行深入研究，从生态学角度审视翻译、研究翻译，力求对翻译中的种种现象进行剖析和阐释（许建忠，2009：3）。”“《翻译生态学》具有综合性、实用性、创新性的特点。其综合性体现在将翻译学与生态学相结合，以一种哲人式的洞察、分析、概括的眼光研究翻译学。其中囊括了许多生态学中的原理法则，而这些原理与法则又是对地球整个生态系统的概括。作者对翻译学的思考已经影射到了整个宇宙物质的轮回，运转的规律，从一定程度上讲具有普遍性，有中国传统哲学观点天人合一的意味。其实用性体现在它紧跟时代的步伐，对现阶段中国翻译教学、翻译产业、翻译理论研究中的弊端提供了现实的改进办法，对翻译实践和理论研究具有指导意义。其创新性体现在开辟、完善了这门新兴的边缘学科——翻译生态学，使其在前人基础上更理论化、系统化（庞博，2009，(4)：254—255）。”

三、生态翻译学与翻译生态学的辩证关系

生态翻译学与翻译生态学是翻译研究的两种范式。所谓范

式(paradigm)是指特定研究领域里大的“方向”和大的“原则”,是一种研究途径或研究模式的总体理念和价值判断。生态翻译学多次对其“译论范式”做出定位。例如,在谈到生态翻译学的基础理论“翻译适应选择论”的研究目的时指出,“在于试图找到一种既具有普适的哲学理据、又符合翻译基本规律的译论范式。”翻译适应选择论还被概括为“以达尔文‘适应/选择’学说的基本原理和思想为指导、以‘翻译即适应与选择’的主题概念为基调、以‘译者为中心’的翻译理念为核心、能够对翻译本体做出新解的翻译理论范式”;该理论“致力于揭示和复现翻译之本来面目,并试图找到一种既有普适的哲学理据、又符合翻译基本规律的译论范式”。

作为一个具有跨学科性质的生态学翻译研究途径,生态翻译学是运用生态理性、从生态学视角对翻译进行综观的整体性研究,是一个“翻译即适应与选择”的生态范式和研究领域。生态翻译学和翻译生态学作为翻译研究的两种新体系和新视角既有着密切的联系又相互区别;生态翻译学是从生态学角度进行翻译研究的一个视角。从现有发表的论文看,胡教授“主要聚焦于三个生态学理念,即‘适应’‘自然选择’和‘适者生存’,强调译者对外部环境的适应,以及在翻译实践中的选择,目的是提供一个系统的以译者为中心的研究视角。另外。胡教授的研究主要局限于笔译研究。”(Tang Jun,2011,(2):364－369)而翻译生态学则构建起翻译学和生态学两者相互融合的新兴交叉学科,研究内容涉及翻译的生态环境(自然、社会、规范、生理和心理)、翻译的生态结构、翻译的生态功能、翻译生态学的基本原理、翻译生态的基本规律、翻译的生态行为、翻译生态的演替和演化、翻译生态的检测与评估、生态翻译与可持续发展等。它涉及笔译和口译、翻译产业、翻译培训、翻译经济、翻译管理等(Tang Jun,2011,(2):364－369)。

第三章 中西语言文化差异与应用文体翻译

语言既是记录人类发展历史的重要社会符号，又是人类进行沟通交际的重要工具。传统语言学认为，世界上任何一种语言都具备一个共性，即文化传递(cultural transmission)性，语言亦是各民族文化传承的重要纽带。由此可见，语言与文化是密不可分的，一方面，语言是文化的重要载体和组成部分，另一方面，语言又受民族历史文化的影响和制约，可以说，语言是反映特定社会文化的一面镜子。世界上不同民族都创造了自己的辉煌历史与社会文明，而跨语际翻译活动则承担了传承文明的重要使命；翻译作为“把一种语言文字的意义用另一种语言文字表达出来”的重要跨文化交际活动，不仅要依托人类的语言交际活动，而且深受语言文化因素的影响与制约，因此进行翻译工作时，决不能忽视文化的因素；译者的任务在于对源语文化的深刻理解，对英汉语言文化差异的深入了解，具备跨文化交际意识与语言文化差异转换能力，并对译语文化能够准确把握，在此基础上对源语的文化内涵进行解构与再现，以促进异语民族间语言文化的交流与传播，实现翻译活动的最终目的。

第一节 中西方文化语境差异与翻译

翻译活动离不开语言环境，语境(即 context)在翻译过程中有很重要的作用，我们在翻译时应充分考虑源语和目标语的文化语境，才能将源语中具备文化特质及内涵的元素进行有效传递，并用译语中对应的或恰当的文化形式表现出来，因此语言环境之于翻译活动具有强大的制约和辅助功能。总体而言，语境有两大功能。即制约功能和解释功能，制约功能即语境对语言的学习和应用起限制作用，所以人们在特定的语境中选择适当的方式来表达思想，传递信息。语境的解释功能是指语境可帮助语言的发话者和受话者解释语言交际活动中的疑难语言现象。

广义的文化语境大概可以分为四种，即历史文化语境、地域文化语境、习俗文化语境和宗教文化语境，这四种语境影响着翻译活动的质量和效果，如果翻译不够恰当，则会使读者产生误解甚至造成歧义，不利于源语文化的传递和跨文化交流的传播。译者在翻译文化语境时可以采用意译、增译或者加注等方法，这些方法可以克服翻译的局限，既保持异国情调，又为读者提供最自然、最切近原文的译文。

在人类漫长的历史发展过程中，各个民族形成了独具特色的民族风情和历史文化，而这些元素自然而然会在语言及其翻译活动中得以体现，不同的国家、民族和种族会用不同的语言符号来表达相同的语用意义。例如，在中国文化中，“龙”被视为中华文明的吉祥图腾和皇权的象征，中华民族儿女将自己比作为“龙子龙孙”和“龙的传人”，而在西方文化中，“龙”被形容为长翅带鳞，口中喷火，形似蜥蜴的怪兽，成为邪恶的象征；“虎”在中国文化中的地位不亚于“龙”，有成语为证：“龙争虎斗”，“虎”在中国人心目中被视为百兽之王，具有至高无上的威严，然而，在西方文化中，百兽之王的角色却被“狮子”所取代，狮子象征着庄严和威武，因此英国人将狮子作为自己国家的象征，英国因此被誉为“不列颠之狮”(British Lion)，与狮子相关的成语不胜枚举，如 beard the lion in his den 译为“太岁头上动土”，the lion's share 译为“最大或最好的份额”，a lion in the way 译为“拦路虎”等，因此在翻译过程中，译者应充分考虑语言文化差异因素和译文的可接受性问题，灵活变更喻体，以便为受众群体所接受。再如我国古代的一则成语“东施效颦”，对不了解中国文化的西方读者而言可谓一头雾水，如果从文字符号层面采用对应直译法肯定会造成文化内涵的缺失，使译文显得不伦不类；在翻译“东施效颦”这个成语时要充分了解其文化内涵并注意翻译方法，该成语出自《庄子·天运》：“故西施病心而颦其里，其里之丑人见而美之，归亦捧心而颦其里。”西施乃越国的美女，传说其患有心脏病，发病时便会用手捂住胸口紧蹙娥眉，结果被东施看到认为这样很美便去机械效仿，惹得路人纷纷嘲笑；此语比喻模仿别人不但模仿不好反而出丑；在了解该成语文化背景的基础上，可将其译为“The ugly lady Dongshi imitates Beauty Xishi blindly, which implies imitation with ludicrous effection or Mere copycat.”这样读者便很容易理解该成语的实指和喻指意义。

中国有位劫富济贫、好打抱不平的英雄好汉叫“济公”，深受老百姓爱戴，因很多西方人不了解他的事迹和为人，容易产生误解，因此译者在翻译过程中可以采用类比法，用西方文化中同样具备劫富济贫特质的人物“罗宾汉”来代替进行翻译。在中国文化中，东风代表着春天的来临，代表着温暖，而在欧洲人心目中，东风是寒冷的象征，因为欧洲的东风是由欧洲大陆北部吹来的冷风，这体现了地域文化语境差异对翻译的影响；在《西厢记》中有这样一句话，“闲愁万种，无语怨东风”，为了避免异域读者产生理解上的歧义，此处应就“东风”一词进行加注，即代表春天的含义。中西方文化存在着巨大的差异，比如随处可见的标语，“××是我家，清洁靠大家。”如果换成 keep our city clean 对于西方人来说则会更容易理解一些；在机场，经常会看到这样的标语“为了你和大家的健康，吸烟请到吸烟区”，而这很容易让人误解为“为了你和他人的健康，欢迎候机乘客到机场吸烟区吸烟”，有诱导乘客吸烟宣传的嫌疑。在西方有这样一则谚语：polish the apple，其本意为“奉承、讨好”，但是对于不了解文化背景的中国人来说容易误解为“擦亮苹果”。英汉比喻成语或谚语，有时喻本相似甚至相同，设喻也几乎相同，造成一种“似是而非”、貌合神离的假象，to fish in troubled water 如果不考虑语境因素，惯性地容易直译为

“浑水摸鱼”,而实质上这个成语的意思为“自讨没趣”。在古英格兰,民间小提琴手在公共场合为舞蹈伴奏,人们常常以酒酬谢,因此往往喝得大醉,因此成语 as drunk as a fiddler 直译为“像小提琴手一样喝醉”就会让人摸不着头脑,了解了以上的民族文化背景,将该短语译为我国古代的成语“酩酊大醉”更为合适和易于中国读者接受。再来看这句话“It's not easy to become a member of that club because they want people who have plenty of money to spend,not just every Tom,Dick and Harry.”这句话的意思是“想要参加那个俱乐部并非易事,因为他们只招募手头阔绰的人,而不是汤姆、迪克和哈利这样的普通百姓”,因为在英美国家,汤姆、迪克和哈利都是常见的英文名,在这里泛指普通人,也可以理解为汉语中表达泛指人名的“张三、李四、王二麻子”,所以直接概括地译为“普通百姓”更易为读者所接受。

再以中英习语翻译的差异为例,汉语中的成语“挥金如土”,在英语的习语里和它意思相对应的是 spend money like water。因为中国位于亚洲大陆东部,幅员辽阔,土地面积广阔,所以在形容挥霍无度的时候以土地类比,再看英国,只是一个面积狭小的岛国,反而因为四面环海有充足的水资源,所以在形成习语的过程中以水进行联想。这一习语的差异,就体现了中英之间因地理环境不同而产生的文化差异。而那些在两种语言的习语中都被运用到的事物,也因为中英两个民族对其有不同的情感,表达了不同的含义。以动物“狗”为例,在汉语中,与狗相关的习语大多都是贬义的,如成语“狐朋狗友”“狼心狗肺”。而在西方文化中,狗被认为是人类忠诚的朋友,人们对狗的感情都是喜爱的,所以“狗”在西方的习语中大多是褒义的,如 every dog has its day,以狗来比喻人,表示“人人皆有得意之时”;说一个人很幸运的时候,会说 you are a lucky dog。对同一事物不同的理解和情感,反映的就是不同民族间的文化差异。如果不能理解这样的差异,翻译的时候就会出现错误。

由此可见,翻译生态环境中的文化语境要素会对翻译质量产生巨大的影响，译者要关注本国文化与异国文化的差异以及英语在不同文化背景环境下的意义信息、文化信息差异，尽量做到文化信息等值或对等，以便呈现最自然、最切近原文的翻译作品。

第二节 应用文体翻译中的文化影响因素

随着科学技术的飞速发展，全球经济一体化进程正在加快，各国之间的社会经济文化合作领域正逐步扩大，贸易往来日益频繁，涉及社会生活的政治、经贸、法律、广告、传媒等各领域的应用文体翻译的重要性日益凸显。以广告翻译为例，面对机遇和挑战，各国都期望在对外贸易中不断壮大自己的经济实力，广告宣传成为国际市场推销商品和扩大市场的一个重要手段。在国际市场上，对于企业来说，如何通过广告翻译把自己的产品介绍给其他国家的消费者，从而提高产品的信誉度、错售量是至关重要的。由于中西方在语言、风俗习惯、思维方式等方面的很多差异，广告翻译所面临的不仅仅是语言词汇之间的直接转换，文化差异是该过程中一个不容忽视的重要因素。文化的差异性从价值观念、思维模式、社会习俗、审美观念等角度影响着广告语的翻译。

在广告翻译中，语言文化差异是客观存在的，是不可避免的，从事广告翻译的工作者不应把翻译简单地理解为两种语言的转换，而是应寻求中西文化交流的契合点，并采取有效的翻译手段和策略，恰如其分地使两种文化互相融合，尽量使译文具有同原文一样的表现力和感染力，甚至优于原文。同时，在译文中既要体现商品的特色，又要尊重消费群体的民族感情和宗教信仰，使所译的广告得到消费者心理的认同，从而起到既传播文化又促进销售的功能。广告翻译的文化影响因素主要有以下几个方面。

一、禁忌因素的影响

禁忌是世界各民族共有的文化现象，禁忌也会体现在生活细节中,对现实产生影响,而语言文化的不同必然形成不同的禁忌语。在进行广告翻译时尤其需要注意,避免由此引起的误解,甚至是纠纷。例如,虽然在中国的传统观念里,“猪”象征着财富、好运,但因为我国西北的少数民族多为穆斯林信徒,“猪”是他们宗教信仰中的禁忌,所以在2007年的春节,凡是与“猪”有关的形象、用语和广告都在中国中央电视台碰了壁。另外,在西方文化中看似积极上进的词语在东方文化中则是一种禁忌。可口可乐公司新推出一种zero sugar可乐,译者翻译成:“零糖可乐”。可是,由于“零糖”在汉语中与“灵堂”的发音相同,让消费者不免产生忌讳心理,认为该商品“不吉利”,因此未能在市场中获得消费者的认可。

二、价值观念因素的影响

西方特别是美国注重个人主义,他们崇尚独立和自由。例如,别克轿车的广告:“It makes you feel like the man you are.”这句广告语很好地体现了个人主义。而中国市场上的别克轿车的广告语则是“心静、思远、志行千里”。中国的传统思想更侧重集体意识,更重视家庭观念。中国人在几千年的儒家思想的积淀中形成了中国人独有的自我约束、内敛等性格特征。例如,脑白金的广告语“孝敬爸妈,脑白金”,如果该产品要在外国取得市场,恐怕得完全更改广告语。因此,在涉及价值观念的翻译中则应注意价值观差异带来的影响。在中国文化中,价值取向注重自觉、道德,追求大同思想,从众心理根深蒂固,认为“大家用的一定是好货”,不少广告就抓住消费者的这一心理,以此为卖点进行产品宣传,在汉语广告中,我们常听到“中华老字号”“祖传秘方”等字样。而在西方国家,人们从小就接受独立的个性培养,突出自我观念,于是其文化中的个性自由极其突出。在英语广告中,实用主义至上,注重商品的实用性。因此,在英汉广告互译过程中,如果忽略中西方文化中固有的价值观取向差异,翻译时生搬硬套,很难达到理想的翻译效果。例如，美国一则广告语是“just do it”，译者直译成“想做就做”，与中国人传统的自律心理相冲突，因此观众对此极为反感。后来，译者将其译成了“应做就做”，则表现了积极向上的生活态度、人生观念，从而很好地迎合了中国人的价值观念而受到消费者欢迎。

三、思维模式因素的影响

英语的广告语言受其思维模式影响，往往表达方式直接简单，广告语本身也是毫无掩饰，干净利落。但在中国的传统文化中，含蓄的表示方式更显其底蕴。例如，雪碧广告语：“Obey your thirst.”译文是服从你的渴望，中文版本则是“透心凉，心飞扬”。

四、社会习俗因素的影响

英汉民族社会的差异在其各自的语言表达中体现出来。在西方神话传说中，dragon是表示邪恶的怪物，还有“泼妇”的意思，而龙在中国文化中却是中华文化的图腾和民族精神的象征，在我国古代，龙象征着封建帝王和至高无上的皇权，很多与帝王有关的事物都被冠以“龙”字，如“龙体”“龙须”“龙椅”“龙袍”等。[①] 韩国将一款手机品牌定为“Dragon”，这种手机在中国销售自然就受到欢迎。但在西方国家的销售必然会受到影响。再比如饮料商标“7-Up”，如果机械地翻译成汉语“七上”则会产生歧义。译者巧妙地把源语言转译为“七喜”，符合了中国消费者喜欢吉利、喜庆的心态。

五、审美观念因素的影响

众所周知，由于中西方民族具有不同的语言习俗，所以形成

① 杨芙蓉.中西语言文化差异下的翻译探究[M].北京：中国水利水电出版社，2017.

的审美观念也必会不同。而作为商品推销的主要手段的广告则无处不迎合着消费者的审美观，因此译者在翻译广告语时需要根据审美观的差异来选择恰当的语言。来自不同的文化背景的人们会有不同的审美取向，如许多国产护肤品说明书中将“增白”译为 white the skin，汉语中有“一白遮百丑”之说，这就反映了汉民族的审美观。而西方国家的人们追求的是古铜色的健康美，他们认为白非但不美，还代表着贫困和疾病。从审美观上讲，寓意之美和外形优美的文字能够引起人们美好的心理反应和视觉效果。例如，Dove 是洗护用品和巧克力两种产品的商标，如果按照原词义翻译成“鸽子”或“和平鸽”，则给人不知所云的感觉。在这两种产品进入中国市场时，译者巧妙地按照中国人审美的观念结合两种产品的不同特点灵活地进行了翻译。洗护用品取名为“多芬”，给人以滋润芬芳之意。对于巧克力则译为“德芙”，并与其广告词“牛奶般香浓，丝般感受”结合形成完美寓意，让人们在看到广告时就产生购物的冲动。因此，译者在翻译广告语时需要根据审美观的差异来选择恰当的语言。

总之，跨文化广告的翻译绝非一件易事，在全球经济一体化的趋势中，其地位日益突出。文化的差异无处不在，广告的译者只有熟悉了解文化的差异，才能巧妙地规避差异带来的误解，使广告语言生机蓬勃。

第三节　应用文体翻译中的文化迁移现象

众所周知，儿童的母语习得过程与成人的第二语言习得过程不同，前者是在纯语言环境下进行的习得，而后者要基于头脑中固有的母语习得经验并受母语思维习惯的影响而进行的第二语言习得，这种影响被译界称为“母语迁移”。“母语迁移”是 20 世纪四五十年代兴起的对比分析理论中提出的概念，在二语习得过程中，母语迁移现象会对译者的翻译活动带来积极的和消极的双重影响，或是对翻译活动起积极的促进作用，或是对翻译起消极的阻碍作用，因此母语迁移在很大程度上制约着译者对源语理解的准确程度和译文的翻译质量。根据“母语迁移”理论，母语迁移分为正向迁移(positive transfer)和负向迁移(negative transfer)两种，“在第二语言的习得过程中，学习者的第一语言即母语的使用习惯会直接影响第二语言的习得；根据教育心理学的原理，母语由于其与外语的相似成分而对外语习得产生的有益的、积极的影响叫作正迁移，它能促进学习者对外语的掌握与运用；反之，母语由于其与外语的相异成分而对外语习得产生的不利的、消极的影响叫作负迁移，是学习者掌握和运用外语的障碍”。[①] 因此，在英汉翻译过程中，译者应充分了解英汉语言文化差异，促进有利的语言习惯迁移，尽力避免母语负向迁移带来的干扰和阻碍作用。

以新闻翻译为例，译者应具备很强的英汉语言差异及转换意识，充分利用母语迁移的正向积极作用对源语和译语进行对等转换，同时挖掘语言背后的文化内涵及背景知识，促进母语负迁移的正向转化，使译语读者不仅能获得源语新闻报道的信息内容，而且能够了解原文词汇在异语语境中的不同文化内涵和情感体验。例如，在一些新闻报道中，经常用 Buridan's Ass 来喻指某些党派或其领导人在政治决策中举棋不定的犹豫态度，如果译者缺乏对西方文化的充分了解，直译为“布利丹之驴”，则会闹出笑话甚至产生误解和不必要的政治纠纷，因为众所周知，驴子在中国文化中是懦弱、愚蠢和倔强的代名词，从感情色彩上讲属于贬义词范畴，充满嘲讽意味；而在西方文化中，这一词语则表示“犹豫不决，优柔寡断”，属于中性词，它源于 14 世纪法国著名哲学家布利丹(Jean Buridan，1300—1358)讲的一则寓言故事：一头毛驴走得又饥又渴，主人见状将两堆稻草等距离地放在驴子两侧，它竟犹豫不决，不知该吃哪一堆好，结果饥渴而死，后人用“Buridan's

---

① https://baike.so.com/doc/3266403-3441370.html.

Ass"(布利丹之驴)来讽刺优柔寡断之人。因此,在新闻翻译中译者应具备充分的中西方语言文化差异意识,要谨慎用词,充分挖掘词汇背后的文化内涵,才能将源语的文本意思及其文化内涵有效传达给译语读者,使译文更易被译语读者所接受和理解。

中西方文化差异对新闻翻译产生重大的影响,直接关系到新闻翻译的质量和信息的传递。培养和加强新闻翻译人员的跨文化意识已成为当务之急。译者应深入研究语言学、跨文化交际学和翻译学,了解国内外政治、经济、科技文化等热点问题,关注欧美主要报纸和新闻媒体,关心时政要闻,同时认真钻研中国经典典籍和国学书籍,有意识地培养自身的中西方语言文化差异意识、双语转换意识以及跨文化交际意识与能力,充分利用母语的正向迁移并尽可能消除母语负迁移现象对翻译造成的负向影响,更好地向世界传播中华文明和中国的优秀文化。

第四节　应用文体翻译中的文化"传真"

任何文体的翻译,无论是文学文体还是应用文体,都离不开文化语境的制约作用;文化翻译是指在文化研究的大语境下来考察翻译,即对各民族间的文化以及语言的"表层"与"深层"结构的共性和个性进行研究,探讨文化与翻译的内在联系和客观规律。[①] 翻译活动的质量主要由译文质量的优劣来衡量,而优秀译文的一个显著特征即文化"传真",也是文化翻译应遵循的基本原则。所谓文化传真,是指译语不仅在形式内容上要准确传递源语的文本信息,而且从文化维度上能够准确地再现源语的风格。简言之,即"把源语的'形'与'神'在译语中原汁原味地体现出来"[②]。由此可见,翻译之难,不在于寻求语言文本形式的对等,而在于源语表达主旨与文化内涵的传递,因此要求译者不但要有较强的双语理

① 王秉钦.文化翻译学[M].天津:南开大学出版社,1995.

② 商继承.英语翻译中的文化翻译[J].泰州职业技术学院学报,2004,(10).

解与表达能力，而且要了解异语民族文化的心理意识、文化习俗、历史传统、宗教渊源以及地域风貌等特性，在翻译过程中正确处理这些互变因子对翻译造成的影响，确保译文不仅信息对等，而且充分体现英汉民族语言的文化特点，做到文化“传真”。

以商标翻译为例，众所周知，商标作为产品的标识，是产品形象的代表，商标翻译的成功与否，直接关系到产品能否在目标市场得以畅销的问题。商标翻译对企业建立良好的形象信誉，获得最佳的经济效益，在一定情况下起着关键作用。

大众的审美心理与商标翻译之间存在着非常密切的关系。译者要熟悉外族文化，了解异域人民的审美心理。商标翻译除了要能够反映商品的性能外，还要具有一定的美感。一个好的商标必须通俗易懂，符合大众的审美需求和审美能力。例如 Johnsons（强生）、Arche（雅倩）等商标的翻译都具有易认、易读、易看的特点，这是一种形式上的美，而 Kodak（柯达）、Coca-Cola（可口可乐）等则体现了商标翻译的音韵美。只有当商品标识的翻译在译语群体中产生与本国消费者相似的审美情趣和心理共鸣时，该商品才易于被译语消费者所接受。

在商标翻译过程中，译者应对源语与译语之间的语言文化差异做深入研究，应对不同地域的地理环境、消费心理、审美差异等有充分的认识和把握。尤其在商标翻译本土化过程中，将中华民族五千年积淀的历史文化底蕴在翻译中进行融合与再造，使商标翻译既内涵深刻又富于中国特色。例如，享誉全球的知名汽车品牌 BMW（宝马）汽车，其商标 BMW 是源于德文 Bayerishe Motoren Werke，即德国巴伐利亚汽车公司的三个首字母缩略词，在汉译过程中，译者根据“辛弃疾之‘宝马雕车香满路’（青玉案·元夕）”①，将其译为“宝马”，使中国消费者将品质性能卓越的宝马汽车与中国文化中日行千里的千里马进行隐喻类比，将汽车性能与千里宝马的特质联系起来，既符合中国消费者的审美心理，又饱

① 朱亚军. 商标名的翻译原则与策略[J]. 外语研究，2003，(6).

含中国历史文化的底蕴，且与德国巴伐利亚汽车公司的商标BMW的前两字母发音不谋而合，译文合仄押韵，体现了商标翻译力求音韵美的基本原则。再如知名化妆品品牌Revlon（露华浓）的商标，Revlon是取自公司创办者Charles Revson的姓“Revson”与其合伙人C. Lachman的首字母“L”构成，汉译为“露华浓”则是出自“李白诗作《清平调》中‘云想衣裳花想容，春风拂槛露华浓。若非群玉山头见，会向瑶台月下逢。’”[①]该诗句描述的是唐玄宗与杨贵妃在兴庆池东的沉香亭畔赏牡丹的情景，诗人以“露华浓”来渲染牡丹花容，映衬美人容貌，高贵的牡丹在晶莹的雨露映衬下更显艳丽，同时也以风露暗喻君王的恩泽，使花容人面更加熠熠生辉。因此，在翻译过程中，译者充分考虑汉语诗句的神韵和意境，以“露华浓”将使用该化妆品的女性消费者喻为倾国倾城的杨贵妃，不仅迎合了中国女性消费者的审美心理，而且兼具音韵美与意境美，使译文含蓄而高雅，实现了译文的文化“传真”。再如日本的豪华型轿车LEXUS，原译为“凌志”，现音译为“雷克萨斯”，该品牌在中国市场的占有率非常高，“凌志”一词具有“凌云之志”之意，使人不禁联想到伟人毛泽东的壮丽诗句“久有凌云志，重上井冈山”，同时又“使人产生一种腾空飞驰，任君驾驶的意蕴。”[②]该汽车标识的翻译能够兼顾产品的性能与中国文化的意蕴，将二者有机整合，凸显出源语的“神”与“韵”，实现商标翻译过程中的文化“传真”。翻译作为各民族沟通交际的语言工具，必然打上民族文化的烙印，不同的民族文化既有共性又表现出强烈的差异性，这就要求译者在商标翻译过程中，应考虑到地域文化、民族习俗、社会制度、历史沿革、审美习惯等的文化差异，最大限度地挖掘源语的文化信息和文化内涵，以便使译语读者获得最大的认同感，实现翻译过程中的文化“传真”。由于中西方文化背景的不同，商标的翻译要讲求策略。在进行商标翻译时，了解中西方语言文化差异极为必要，同时要根据商标的文体特点采用适当的

---

① 吴昊，邵朝霞．商标翻译的原则与方法[J]．柳州职业技术学院学报，2004，(3)．

② 张万义，陈建杰．论商标翻译[J]．泉州师范学院学报(社会科学版)，2004，(3)．

翻译策略，如直译法、意译法、音译法、音意合璧法等，并考虑各种文化背景要素，包括消费者的民族心理、价值取向、宗教信仰等，综合考虑影响翻译活动质量的诸因子，在翻译时灵活变通，使翻译的商标符合翻译语言的特点，在最大限度上得到译语受众的认可与接受，最终达到诱导其产生购买欲望的推销目的。

第四章 应用文体翻译的生态学视角:广告翻译

根据生态翻译学,翻译是译者适应生态环境并根据生态环境进行选择的过程。在翻译过程中,译者是适应和选择的主体,占据着中心地位。应用文体扎根于社会生活,并反映社会生活,其语言简洁朴实,因此对于应用文体翻译而言,信息的真实性与准确性以及语言的应用特性以及实用目的是翻译的重点。此外,应用文体的形成与发展又直接或间接地受民族文化传统、思维方式、审美标准以及地理条件的影响。因此,为了创造出“多维度整合性选择”程度最高的译文,译者有必要对原文在语言维度、文化维度以及交际维度这三元维度上进行选择性适应与适应性选择,以力求译文更符合翻译生态环境,更易于目的语读者接受和理解。

第一节 广告的内涵及文体特征

一、广告的界定

随着经济文化全球化的发展和中国加入 WTO,中国商品不断迈向国际市场,国际商品也大量涌向国内市场,因此广告商标语的翻译成为影响跨文化交际和跨地域经贸交流合作的重要因素。“广告”一词源于拉丁语 advertere,意思是“唤起大众对某种事物的注意,并诱导于一定的方向所使用的一种手段”。从汉语的字面意义理解,即“广而告之”之意,即向公众通知某一件事,或劝告大众遵守某一规定。但这只是对广告的一种广义的解释,说明广告是向大众传播信息的一种手段。从狭义解释,广告则是一种付费用的宣传手段。对于广告还有以下几种表述,广告是“被法律许可的个人或组织,以偿款的、非个人接触的形式介绍物品、事件和人物,借此影响公众意见、发展具体的事业”。“凡是以说服的方式(不论是口头方式或文字图画方式),有助于商品和劳务的公开销售,都可以称为广告。”

“广告是有计划地通过各种媒体介绍商品和劳务,借以指导消费,扩大流通,促进生产,活跃经济,建设物质文明与精神文明的手段。”“广告能直接发生销售的效果,确立商品和制造者的声誉,并能扩展市场,排除障碍。”“广告是广告主有计划地通过媒介体传递商品或劳务的信息,以促进销售的大众传播手段。”“广告是一种说服性的武器。”“广告是一种传播信息的说服艺术。”在现代社会,广告被认为是运用媒体而非口头形式传递的具有目的性信息的一种形式,是将各种高度凝练的信息,采用适当的艺术形式,通过各种媒介手段传播给大众,以加强或改变人们的观念,使人们产生一定的行为、尤其是消费行为的活动。广告有广义和狭义之分,广义广告包括非经济广告和经济广告。非经济广告指不以盈利为目的的广告,又称效应广告,如政府行政部门、社会事业单位乃至个人的各种公告、启事、声明等,主要目的是推广;狭义广告仅指经济广告,又称商业广告,是指以盈利为目的的广告,通常是商品生产者、经营者和消费者之间沟通信息的重要手段,或企业占领市场、推销产品、提供劳务的重要形式,主要目的是扩大经济效益。

广告是商品经济发展的桥梁,其翻译的成功与否决定了国内产品能否成功走向国际市场,为目的语国家人们所接受,刺激他们的购买欲望,进而产生消费行为。因此,如何准确翻译广告关系到产品能否赢得国际市场,能否为目的语国家的人们所接受,对世界各国经济贸易的发展和社会文化的交流具有重要影响。

二、广告文体的基本特征

广告作为产品宣传和促销的重要手段，旨在向消费者传递产品信息，引起消费者对产品的注意，使其对产品产生浓厚兴趣，激发其购买欲望并最终实现消费行为，因此广告具有“信息功能、美感功能、表达功能、祈使功能和呼唤功能”等基本特征。广告语言具有简洁明快、讲究押韵、节奏感强、朗朗上口、便于记忆、吸引眼球等特点，具有很强的说服力、传递信息、激起消费欲望、实现商业价值等功能。例如：

汰渍洗衣粉广告：Tides in，dirts out.

（译为：有汰渍，没污渍。）

洗衣机广告：She takes over the chores，so you can rest of course.

（译为：有它在，您自在。）

皮鞋油广告：Our shoe polish is surely of the first rate.

It shines your shoes and you look great.

（译为：一流的产品，为足下增光。）

速效救心丸广告：A friend in need is a friend indeed.

（译为：随身携带，有备无患。）

美国高速公路安全宣传语：Better late than the late.

（译为：迟到总比丧命好。）

以上几则广告语具有简洁明快、信息性强、押韵对仗、朗朗上口等语言特点，常使用拟人、借喻、双关、押韵、仿拟等修辞格，增强语言的表达力和感染力，便于读者记忆，给人留下深刻印象，具有较强的呼唤功能，容易打动消费者并进而促进其产生消费行为，达到广告的信息传播和商品营销目的。下面具体介绍广告文体的语言特征。

（一）广告文体的词汇特征

经典的广告语对于企业的品牌形象塑造和商品的市场销售

情况起着关键的作用,而决定一则广告语成败的关键在于词汇的选择和语言的表达。广告词汇丰富多彩,倾向于使用褒义色彩的形容词、比较夸张性的形容词、具有煽动性的词汇、比较押韵的词汇以及复合词或新造词等,力求吸引消费者的注意,并力争使其产生消费行为,因此广告词汇具备很强的诱导性和感染力。

1. 大量使用褒义形容词

广告文体大量使用褒义形容词。例如:

娇兰化妆品的广告语:Perfect skin as an Angel.

(译为:娇兰令您拥有天使般完美的肌肤。)

加拿大威士忌酒广告语:The unique spirit of Canada.

(译为:独具风味的加拿大酒,独特的加拿大精神。)

雀巢咖啡的广告语:The taste is great.

(译为:雀巢咖啡,味道好极了。)

布特林旅游公司的广告语:Butlin's—the right choice.

(布特林旅行社,您明智的选择。)

餐馆的广告语:finest food,most attractive surroundings and a friendly disposition.

服装的广告语:Incredible sale:beautiful lynx and mink,top quality,latest styles.

以上所列举的各类广告语中频繁使用具有褒义色彩甚至夸张色彩的形容词来修饰所宣传的商品,如perfect,unique,great,right,finest,most attractive,incredible等,甚至夸张地使用形容词的最高级形式,力争凸显出所宣传的商品在同类产品中具备独特的竞争优势,虽有“王婆卖瓜,自卖自夸”之意,但置于广告语言的生态语境中,又是符合广告文体基本特征的,因此可以被读者与消费者所接受。

2. 大量使用复合词

为了使广告语简洁凝练,便于记忆,同时给读者留下深刻印象，广告语中常常使用复合词，甚至是一些臆造的复合词来达到吸引消费者注意力和扩大产品宣传的目的。例如：

长青公司的广告语：Evergreen，Round-the-world service.

（译为：长青公司，环球服务。）

索尼产品的广告语：Hi-fi，Hi-Fun，Hi-Fashion，Only from Sony.

（译为：高保真，高乐趣，高时尚，只能来自索尼。）

酒水的销售广告：Sophisticated，sweet-to-drink Pink Lady.

（译为：高级、可口的粉红佳人。）

3. 多使用物称

英汉广告文体中，多使用物称而非人称做主语，并采用软销售的方式来感化顾客，而非采用 buy，sell，spend 等硬销售词汇。例如，《全球》杂志的广告语：With a copy of the Globe in your hand，the world unfolds before you so grand. 句中使用 the world 做句子的主语，使人领悟到《全球》杂志的强大宣传力和神奇魅力，使人产生“一旦拥有一份《全球》杂志，足不出户即可领略天下美景”的感慨。

（二）广告文体的句法特征

为吸引消费者的视线或听觉，激发其购买欲望和兴趣，商品广告语常借助灵活多变的句法结构来发挥其社会功能，为广告的总体功能服务。在句法层面上，广告文体也有自身独特的特点，为新颖醒目和便于记忆，经常使用简单短句，如李宁服饰的广告语：Anything is possible！阿迪达斯的广告语：Nothing is impossible！可口可乐的广告语：Coca-cola is it！广告文体还大量使用省略句，如可口可乐的广告语：Can't beat the feeling！耐克的广告语：Just do it！以及七喜饮料的广告语：Fresh up with Seven-up！还有些广告为吸引消费者眼球往往使用疑问句式来设计悬念，如上海某房地产广告：How to buy an apartment in Shanghai with other people's money？此广告一出，立刻引起市民的关注。

此外,广告语的一个显著特征是擅于使用修辞手段,如“三优”家具的广告语使用夸张修辞格:Unrivalled quality, Unbeatable prices, Unreserved service! 某旅游度假区的广告语“More sun and air for your son and heir.”使用了谐音双关的修辞手段;汰渍洗衣粉的广告语“Tide's in, dirt's out.”使用对仗的修辞格;大宝润肤霜的广告语“Applying Dabao morning and night makes your skincare a real delight.”使用了押韵的修辞格等。具体来说,广告文体的基本句法特点如下。

1. 大量使用祈使句

在英汉语言中,祈使句具备较强的说服力、感染力和呼唤功能,有助于广告文体实现基本的社会功能,具有直接劝说、直接鼓动的作用。例如:

Take time to indulge. 尽情享受吧!(雀巢冰激凌)

Obey your thirst. 服从你的渴望。(雪碧)

Feel the new space. 感受新境界。(三星电子)

Let's make things better. 让我们做得更好。(飞利浦电子)

Take Toshiba, take the world. 拥有东芝,拥有世界。(东芝电子)

以上例子体现了商品广告服务大众、以顾客为尊的经营理念,用第一人称和第二人称进行交际,拉近了商家与消费者之间的距离,使用委婉的祈使句,颇能打动消费者的心,具有极强的劝诱功能。

2. 大量使用疑问句

在英汉语言中,疑问句式具有独特的表达功能和语言魅力,在广告文体中,疑问句能够激起消费者的好奇心,吸引人眼球,引发人们思考,撩动消费者的购买欲望。例如:Are you going grey too early?(您的黑发是否过早变白了?)爱美之心人皆有之,这样一则广告语无疑会使很多被白发困扰的消费者产生好奇,并对广告的产品产生期待，相信很多消费者看完广告就会迫不及待地购买产品一试。

再如，立顿奶茶的广告语：Why our special teas make your precious moments even more precious?（非凡立顿，异样人生。）这则广告语貌似疑问语气，实则夸赞自家商品品质优良，表达了“喝完立顿奶茶会使您拥有不一样的人生”的肯定之意，比起平铺直叙的陈述句，该广告的特殊疑问句更具表现力和表达优势。

以上几例广告语站在消费者立场以疑问句式表现广告的宣传力，并不需要人们做出回答，其目的在于激起消费者的兴趣，引起他们的思考和共鸣，有效拉近商家和消费者之间的距离，以一种亲切感来赢得消费者的信赖并达到促销的目的。

3. 充分发挥省略句的作用

简短的广告语可以降低成本，减少广告费用，节省消费者的阅读时间，并便于消费者记忆，省略句式恰好具备这方面的表达优势。英汉广告语多采用省略句式，可使表达紧凑有力，语气连贯，节奏感强，读来朗朗上口，从而使产品树立良好的形象。例如一则食品广告：Deliciously simple，Simply delicious（颇具美味的简单，颇为简单的美味。）该广告仅用了两个同源词根的副词和形容词的重复，就把该食品味美和食用方便的特点生动地表现出来，给消费者留下深刻印象。省略句的被省略成分较为灵活，它不受语法规则的限制，表现出极强的自由性。例如七喜饮料广告：Fresh-up with Seven-up.（提神醒脑，喝七喜）这条广告标语的完全句应为：You will feel refreshed (up) if you drink Seven-up. 但不难看出，完全句显得啰唆乏味，不如省略句 Fresh-up with Seven-up 更凝练简洁、合仄押韵、朗朗上口，因此省略句式更符合广告文体的生态语言环境，更具备表达优势。

4. 较少使用否定句

众所周知，广告文体具有“自吹自擂”和“王婆卖瓜，自卖自夸”的特点，一般多使用肯定句式、褒义色彩的词汇和夸张性语言，一般情况下，很少使用否定句式。广告文体的主要社会功能是宣传介绍和推销商品，期待消费者产生消费行为，因此多从肯定意义出发进行构句，如果使用否定结构，则往往是通过正话反说或对比反衬的方式来凸显肯定意义，如某休闲度假区的广告：If you can't relax here, you can't relax.（此地不能放松，无处能放松。）这里虽然使用了否定句式，但众所周知，双重否定意味着肯定，而且比肯定句式更具强调作用，因此该广告语的言外之意就是“这里是您休闲度假的最佳去处”，“一旦拥有，别无所求”。

再如奥迪汽车的广告语：We would never say the new Audi 100 is the best in its class. We don't have to.（我们根本不必说新型奥迪 100 是同类车中最好的，没有这个必要。）这则广告语通过正话反说的方式体现了奥迪 100 的优良品质及其在同类车型中的霸主地位，尤其该广告语的后半句“没有这个必要”既是对前半句解释原因，又是对商品品质的强调，体现了生产商满满的自信。

5. 多使用排比句式

在广告文体中，各种修辞手段的巧妙运用使得广告语言生动活泼、淋漓尽致，使消费者读来朗朗上口，耐人回味，而排比句式是各种修辞手段中最为常用的句式。排比是对某一个词、词组、结构或句子进行重复，将它们排列起来，目的是为了增强语气，强调所要表达的事物，突出某种感情色彩。例如：

可乐饮料的广告语：Extraordinary Cola, Extraordinary Choice.

（译为：非常可乐，非常选择。）

某杂志社的广告语：It provides you with beauty. It provides you with joy. It provides you with love. It provides you with fun.

（译为：它给你带来美感，它给你带来愉悦，它给你带来关爱，它给你带来乐趣。）

大众汽车的广告语：We put them through water to make sure they don't leak. We put them through mud and salt to make sure they won't rust.

（译为：涉水不渗漏，越野不生锈——大众汽车，品质之选。）

三优家具的广告语：Unrivaled quality，unbeatable price，unreserved service.

（译为：优良的品质，优惠的价格，优质的服务。）

"美的"家电的广告语：Beautiful Media home appliances. Beautiful from head to toe. Beautiful inside out.

（译为：美的家电，美的全面，美的彻底。）

IBM 的广告语：No problem too large. No business too small.

（译为：没有解决不了的大问题，没有不做的小生意。）

此广告既表示了公司的实力，又表示了想顾客之所想的体谅精神及事无巨细的工作作风。

以上运用了一连串结构类似的句子成分来表示强调和层层深入，运用排比手法从文字上增强语势，从而使人加深印象。

（三）广告文体的修辞特征

广告语言在表现形式上极具鲜明特色，或行文工整，对仗押韵，或节奏明快，朗朗上口，或短小精悍，意蕴深刻，令人耳目一新，耐人寻味。广告语在修辞效果和表达效果上具备引人入胜，说服力强的特点，修辞手段的运用比较频繁，别具一格，如明喻、暗喻、夸张、拟人、谐音、双关、仿拟、通感、疑问句等，善于玩文字游戏，使人感到幽默中见智慧，平淡中显新奇。

1. 双关

广告商经常借助于各种各样的修辞手段来增强语言的表达效果，作为匠心独具的修辞手段的双关(Pun)语运用得尤其多。双关语巧妙地利用同音异义或一词多义现象，使一个词语或句子具有不同的含义，也就是在特定的语言环境中，用一种语言文字形式表达出双重语境和双重含义，给人以回味和想象的空间，进而既能够做到引人注意，又能产生联想，加深记忆。因此，双关语被广泛应用到各种广告中。

双关就是利用词语的语义和语音条件，使某些词语或句子在特定的环境中具有双重的意义。一种是同形异义，即发音和拼写都相同，但意义不同，或发音相同但拼写、意义不同；另一种是利用英语当中一词多义的现象构成的、运用词的几重意义来达到一语双关的特殊效果。巧妙地运用双关语，既可以使广告语言含蓄委婉、幽默风趣，又可以取得言有尽而意无穷的艺术效果。

根据双关语来源于一词多义或同音异义这一特征，我们可以把双关语主要分为语义双关和谐音双关，另外还有语言特定文化相关联的仿拟双关。

(1)语义双关

语义双关是利用某个词语的多种含义或者比喻义使该词语在特定环境下形成的双关。它所表达的内容在不同的语境下具有不同的意义，即一词有两义(表面意义和引申意义)、一词指两事。但这两种含义、两件事情，一是明指，一是暗示；或者说，一在表面，一在里层。双关语广告所暗示或强调的既可是其表面意义，亦可是其暗含的意义。换言之，就是言在此而义在彼，目的是希望造成一箭双雕或声东击西的效果。例如，摩尔牌香烟的广告语——Ask for More. 就是典型的例子，本广告把“More”(摩尔)这种牌子的香烟与副词“more”(更多)的意思联系起来，使消费者不但记住了商品的牌子，而且留下了深刻的印象，译为“摩尔香烟，多多益善”，或者译为“再来一只，还抽摩尔”，这句广告语也成为摩尔牌香烟广告的典范。

再来看“苹果”电脑的广告语：Every kid should have an APPLE after school. 译为：每个孩子放学后都该有个“苹果”，这则广告中，“APPLE”一词既代表产品品牌，又是实指水果“苹果”，一层含义是“孩子每天放学后吃一个苹果有益身体健康”，而另一层意思则是对苹果产品进行推销，意为“还在为孩子每天放学后无聊寂寞而发愁吗？苹果产品可以帮助孩子打发寂寥的课余时光。”

因此,“APPLE”一词的双关效果就得以充分体现。

下面是一则玉米的广告语:Try my sweet corn,you'll smile from ear to ear. 该广告语言活泼风趣,利用 ear 一词的一语双关来吸引顾客的注意力,激发起他们的购买欲。ear 一词的基本意思是“耳朵”,又可作量词“穗”讲,from ear to ear 生动地描绘了人们对这种玉米的喜爱:“吃了一穗又一穗”,表达了人们吃完玉米后的满意态度:“笑得合不拢嘴”。为了保留 ear 一词的双重意义,可以采用分别表义的译法,将该广告语翻译为“尝尝我们的甜玉米,包你吃一穗想两穗,笑得合不拢嘴。”这样的译文符合原文的生态环境,能够完美再现源语的意境,收到良好的表达效果。

由于语言和文化的特异性,有时广告中的双关含义在目的语中很难同时顾及,尤其是一些含有多层双关和一语多关的广告。这些广告的翻译要侧重于双关语的隐含意义,侧重强调突出广告的实质内容,以保留广告的促销作用。例如本田汽车的广告——Put it all behind you(—Honda Civic Wagon),原文中的 it 即是双关所在,一层意思特指“另外的、其他的汽车”,另一层意思泛指“世间万事”,尤其指“人的喜怒哀愁”等。该广告要表达的双层意思:一是开着这款车能把其他的车甩在后面;二是开着这款车会把所有的忧愁烦恼抛之脑后。因此该广告可翻译为:“本田思域,一路领先”或“一切尽抛脑后—— 本田思域”;但在翻译过程中,我们要照顾译文在翻译生态环境中的适应性选择和双关特有的双重语境,相比较而言,后者能够兼顾 it 一词的实指和喻指,且侧重喻指,应为最优选的翻译方案。

再来看一则 Raymond Weil 手表的广告语——There's never a better time. 该广告语中,a better time 采用了双关的修辞手段,在英语中,keep 与 a better time 搭配使用构成短语,意为“钟表等走时更精确”,而实意动词 have 与 a good time 搭配使用,则意为“玩得开心,过得愉快”,因此该广告语将两种搭配所呈现出来的不同语义加以组合,达到一语双关的修辞效果。该广告语可译为“精准时刻,精彩人生”,或可套用汉语中的一个常见句型:“此时不……,更待何时”进行弥补,译为:“此时不戴,更待何时”。由此看出,仿译法,即根据源语某些广告双关语的结构特征与译语某一谚语或成语的相仿性而进行套用的翻译方式,能够尽量保留原文的文化内涵和语言特色,在一定程度上可弥补原文的双关特色,达到生态翻译在语言维度、文化维度、交际维度上的三维整合翻译要求。

(2)谐音双关

谐音双关是由发音相同或相近而拼写和词义根本不同的词构成。此类双关具有风趣、幽默、俏皮、滑稽的语言风格,读起来朗朗上口,能增强广告的感染力,令人印象深刻。例如,美国欧埃希眼镜公司的广告语 OIC 的构思就非常新颖独特,不仅读来朗朗上口,而且具备意象美,引发人们对产品眼镜的联想。OIC 三个大写字母的形状好似一副眼镜,充分体现了广告的推销能力,读起来“Oh,I see”(哦,我看到了),特别亲切自然,让人不禁联想到该产品帮助人们摆脱近视的困扰,重新找回自信的惊喜。眼镜商就是利用谐音双关把眼镜使用者的快乐之情溢于言表,新颖独特,意味深长。

下面是一则旅游度假区的广告语——More sun and air for your son and heir. 可将其译为“阳光明媚,空气清新,为了您的后代子孙。”这则广告中,sun 和 son,air 和 heir 均属同音异形异义词,发音相同但寓意不同,在修辞上既押韵又对仗,在表达上体现了一语双关的效果。

再如一则电话的广告语——Make your every hello a real good buy(您的问候,我们的追求)。在这则广告中,good—buy 一词一语双关,它与 good—bye 音同意不同,同时 hello 和 good—bye 分别是开始打电话和电话结束时使用的礼貌用语,在这里表示通话质量好,产品质量过硬,电话物有所值。

还有一则助听器的销售广告——US. Over 5,000 ears of experience(相信我们没错的,五千只耳朵经验的结晶)。该广告利用 ears 与 years 的同音巧妙构成双关,在表明产品畅销、质量优良的同时，暗示其具有悠久的历史，值得消费者信赖。

(3)仿拟双关

仿拟双关是借用一些人们耳熟能详的成语和谚语而形成的双关。由于二者具有特殊的形式和特定的社会文化特征，能够增强产品与大众间的亲和力，拉近产品与消费者之间的距离，因此广告商就借助现成的成语、谚语或俚语创造出丰富的广告语。例如纳克斯牌坚果的广告语——You'll go nuts for the nuts you get in Nux，句中 go nuts 是一个成语，意为“失去理智，如痴如狂”，而其字面意义是“去买坚果”，这句双关广告不禁使读者产生一系列联想：“消费者缘何要如痴如狂呢？一定是纳克斯牌坚果太好吃，太有诱惑力了！”因此，该广告巧妙运用仿拟双关的修辞手段，非常完美地将产品的优良品质和独特魅力展示出来，达到意想不到的宣传效果。

再如马尔斯牌巧克力的广告语——A Mars a day keeps you work，rest and play，这句广告词显然是从谚语“An apple a day keeps the doctor away.”仿拟而来。广告商希望给消费者传递这样的信息：吃了 Mars 巧克力会使人身体健康，充满活力。在这些广告语中，广告商借用人们所熟知的成语或谚语，紧扣商品及其特点，运用得恰到好处，自然贴切，让人回味而颇感有趣。

2. 暗喻

暗喻(Metaphor)用来表示两种不同事物之间的相似关系；把甲事物比作乙事物，但甲事物通常不出现，乙事物直接出现在句中；在暗喻中不用 as 或 like 等衔接词，一般来说，读者根据上下文便能体会到其中蕴含的意思。在广告文体中，暗喻这种修辞手法应用较为广泛，作者通过发挥丰富的想象，往往用一种形象的事物为喻体，替代所要宣传的商品，以增强语言的美感和表达效果。例如：

瑞士 EBEL 手表的广告语：EBEL，the architects of time.

(译为：埃贝尔手表，时间的缔造者。)

旅行保险公司的广告:You're better off under the Umbrella.

(译为:在"伞"的保护下,您可以无忧无虑地享受旅行的乐趣!)

某口红广告语:The most sensational place to wear satin on your lips.

(译为:擦上此口红好似穿上了柔顺光滑、细薄透亮的丝绸一般。)

3. 借喻

借喻(Metonymy)是以喻体来代替本体,本体和喻词都不出现,直接把本体说成喻体。例如:

洗发液广告语:Wash the big city out of hair.

(译为:洗去头发上大城市的污垢。)

柯达彩色胶卷的广告语:Kodak is Olympic color.

(译为:柯达,奥林匹克的色彩。)

日立录放机的广告语:Natural color is now second nature.

(译为:自然的色彩现在成为第二种自然。)

4. 拟人

拟人(Personification)是指把物品或生物当作人来描写,赋予它们人的言行或感情,使这些物品或生物的形象更为鲜明和突出,给读者留下较为深刻的印象,激发他们的购买欲望。例如:

某饮料的广告语:With boundless love in it,the drink is more than sweet.

(译为:甜甜蜜蜜,无限爱恋尽在其中。)

劳力士手表的广告语:Unlike me,my Rolex never needs a rest.

(译为:和我不一样,我的劳力克斯从不需要休息。或者:殷勤有加,孜孜不倦,我的劳力士。)

劳伦香水的广告语:She has her own spirit and it graces everyone she comes near. (Lauren)

(译为:她有她自己的精神,能使她所到之处,人人因而更加美丽。)

5.夸张

夸张(Hyperbole)是指为强调或突出某事物,把被描述的事物适当地加以艺术性的渲染和夸大,这种手法在英语广告中较为常见,目的就是通过这种夸大其实的方式打动消费者,通过所谓“王婆卖瓜,自卖自夸”的方式给读者留下深刻印象,达到推销产品和扩大宣传的目的。例如:

三优家具的广告语:Unrivaled quality, unbeatable price, unreserved service.

(译为:优良的品质,优惠的价格,优质的服务。)其中,unrivaled 意思是“无与伦比的”,unbeatable 意思是“无可匹敌的”,unreserved 意思是“无懈可击的”,这三个词的夸张表达使得产品的完美品质、理想的价位和完善的服务展现得淋漓尽致,突出了产品的“三优”特点;同时,源语均以字母“U”开头,译文均以“优”字开头,本则广告使用了谐音双关和押头韵的修辞格来增强表达效果,因此读来气势铿锵,朗朗上口。

娇兰化妆品的广告语:Perfect skin as an Angel.

(译为:拥有天使般完美的肌肤。)

阿迪达斯的广告语:Nothing is impossible.

(译为:没有什么不可能。)

李宁服饰的广告语:Anything is possible.

(译为:一切皆有可能。)

林肯汽车广告语:What are luxury cars should be?

(译为:豪华汽车应该是怎样的?或林肯汽车,尽显豪华汽车之气度。)

微软公司的广告语:Where do you want to go today?

(译为:今天你想去哪里?或微软产品让您随心所欲。)

某旅馆广告:We are having problems with guests who won't leave.

(译为:旅客流连,真伤脑筋!)此广告语通过这种正话反说的夸张形式使旅店客满为患的火爆程度得以充分体现,虽有些吹嘘的意味,但新颖别致,独树一帜,往往使读者耳目一新,甚至产生想去亲身体验的冲动,达到了意想不到的宣传效果。

6.押韵

押韵(Rhyme)这种修辞手法最常出现在诗歌中,由相同或相似的韵脚组成。在广告语中,为了增强广告语言的记忆功能和美感功能,押运修辞格常常被运用,以使广告词富有节奏感,读起来铿锵有力,朗朗上口,给消费者留下深刻印象。例如,百事可乐的广告语:

Pepsi-cola hits the spot,

Twelve full ounces,that's a lot,

Twice as much for a nickel,

Pepsi-cola is the drink for you.

这则广告可译为:百事可乐顶呱呱。

十二盎司毫不差。

五个美元买两打。

百事可乐饮料佳。

(1940年版的广告)

A carrot a day may keep cancer away.

(译为:一日一根胡萝卜,癌症不找我。)

Once choose,always use.

(译为:一旦选用,终生享用。)

再如,"大宝"化妆品的广告语:要想皮肤好,早晚用大宝。可译为:

Applying Dabao morning and night makes your skincare a real delight.

这则广告语中,源语的"好"与"宝"押韵,译语的"night"和"delight"押韵,因此使广告语乐律起伏,具有音韵的美感。

中国有句耳熟能详的谚语，叫作“饭后百步走，能活九十九”，译成英语即：

An after-dinner walk a day keeps the doctor away.

A walk after dinner, you will live longer.

A walk after meal improves your fitness a good deal.

三种译法都堪称经典，究其原因在于三个译文中均使用了押尾韵的修辞方法，即“a day”与“away”“dinner”与“longer”“meal”与“deal”分别构成尾韵，既保证了文体格式的对仗和押韵，又将该谚语的神韵恰到好处地表现出来，读来朗朗上口，意蕴深刻，让人拍手叫绝。

7. 仿拟

仿拟(Parody)修辞是指有意模仿人们所熟知的语言材料，如特定语言的成语、谚语、习语、名言、警句、俚语等，以不同的语义为仿体，将二者巧妙地结合起来，代之以全新内容的表情达意形式，以使语言表达生动有趣，妙趣盎然。例如：

速效救心丸的广告：A friend in need is a friend indeed.

该广告语译为“随身携带，有备无患”或“随身携带，有惊无险”，套用的是人们所熟悉的成语“A friend in need is a friend indeed”，取其“患难的朋友才是真正的朋友”之意，尤其是借用“in need”这个词组的字面意思“应急之需”，跟救心丸在生命危急的情况下能够将病人从死亡线上拉回来之意不谋而合，因此运用仿拟法进行套译，能够生动再现速效救心丸救人于危难的神奇功能，贴切而传神。

日本三菱汽车的广告语为“Not all cars are created equal.”套用的是美国《独立宣言》中的经典名句“All men are created equal.”意为“三菱汽车，卓尔不群”，突出该产品与众不同、卓越超群的品质，比平铺直叙地使用比较级或最高级更生动，虽然两者的文化背景和思想内涵截然不同，但是通过人们所熟知的经典名言来推介新事物，会使人们在心理上与该事物产生关联，提高契合度，使广告语通俗易懂，深入浅出，增强表达效果和记忆效果。

某商场的广告语为“We take no pride in prejudice.”相信读者看到这则广告便会想起简·奥斯丁的代表作《傲慢与偏见》(*Pride and Prejudice*)，接下来读者不禁要思考“谁会傲慢？”“谁会产生偏见呢？”因为商场、超市是服务行业，行为主体是营业员与消费者，因此读者会联想到，大概顾客对产品或服务产生不满或提出投诉，而此时服务员或经理丝毫没有怠慢，认真倾听顾客意见并虚心整改以提高服务质量和顾客满意度，这样一联想便合情合理了。因此这则广告不妨译为“对您的偏见，我们没有傲慢”。该广告成功运用仿拟的修辞手段，套用人们熟知的文学名著，将顾客的意见与商场的服务态度联系起来，更生动地展现了该商场“全心全意为顾客服务”“顾客至上”“以客户为尊”的经营理念，收到意想不到的宣传效果。

(四)广告文体的美学特征

广告作为一种应用语言，是当今社会广泛使用的交流媒介。广告文体具有特殊的感染力，能在瞬间引起读者注意，刺激其购买欲望，最终促成购买行为。广告语用词优美独到，句法凝练而内涵丰富，具有强烈的艺术感染力和语言艺术美。优秀的广告不仅具有很高的商业价值，同时具有一定的语言研究价值和审美价值。

1. 音韵美

广告文体具有音韵美的修辞特征。例如：

Big thrills，small bills.(出租车广告)

译文1：大刺激，小花费。

译文2：莫大的激动，微小的费用。

音韵美是指广告词发音响亮、节奏分明、富有乐感，给人以听觉上美的享受。广告英语常利用各种语音表现手段，诸如与声音强度有关的音节、音步、停顿，与声音一致的押韵以及与语音关系密切的修辞手法如拟声、谐音等，取得美音效果。在翻译英语广告时，应尽量注意原文的音韵美，尽量运用汉语双韵母和复合韵母的特点，再加上音节长短变化的汉语特色，使广告语读起来铿锵有力、流畅自如。上例中，原文与译文2都押尾韵，使得译句与原句同样精彩，朗朗上口，易于传诵。

Red hot fashion at Ravel. Sizzling styles.

All these and many, many more.

In a riot of colors, plain or what you fancy.

You want it. We've got it.

Revel. Who else?（鞋子广告）

译文1：拉维尔火爆时尚，款式新颖，所有这些以及更多，花哨的、朴素的、或您所喜欢的，您想得到它，我们拥有它，除了拉维尔，还会有谁？

译文2：拉维尔火爆时尚，嗞嗞发烫的新潮款式，所有这些以及许许多多、色彩缤纷的、简简单单的，应有尽有，包您满意。只有您想不到的，没有您买不到的，拉维尔鞋，舍我其谁？

在英语中，Alliteration 押头韵是增强英语音韵美的重要修辞手段，而汉语中的叠音词也同样具有异曲同工之妙。上例中，两译文相比而言，不难发现译文2因使用了汉语叠音词和四字格的表达方式而使广告语节奏明快、朗朗上口，其音韵美又为意境的营造推波助澜，有声有色且动感地描述了鞋子的式样、颜色与款式，使商品形象鲜活地再现于消费者面前，同时使用地道的夸张修辞手法将广告语译为“只有您想不到的，没有您买不到的”，以表明本款产品尺码款式齐全，比直译更生动形象，结尾句使用了兼具夸张色彩的设问句“舍我其谁？”增强广告语体的呼唤功能，相比之下，译文1逊色得多。

Pepsi-Cola hits the spot, Twelve full ounces, that's a lot. Twice as much for a nickel, too, Pepsi-Cola is the drink for you.（百事可乐广告）

译文1：百事可乐满足需要，12盎司，就是全部，五元钱买24

盎——百事可乐是您的饮料。

译文 2:百事可乐味道好,足足 12 盎量不少,五元钞票买 24 盎,百事可乐供您享。

两译相比,区别凸显。译文 1 仅达意而已,只考虑到语言维度的适应性选择,而原文文体为广告诗,译文 2 与原文在文体风格上一致,体现了源语在文化维度和交际维度的适应性选择,其形式一致,押韵方式一致,均为 a,a,b,b 节律,和谐匀称,韵律优美,表达均非常精彩。

2.形象美

广告具有形象美的修辞特征。例如:

Easier dusting by stre-e-etch.(除尘布广告)

译文 1:拉长牌除尘布,除尘力强。

译文 2:拉拉拉长,除尘力强。

形象思维是人类思维的重要特点之一,人们喜欢使用具体、形象、直观的语言来反映生活中习以为常的事物,在广告语言中,中西方广告措辞都十分讲究生动、形象。例中,stretch 一词除了作为除尘布的品牌名称"拉长"外,其拼写还被别出心裁地拉长,实现"音意双收",传达出该词的本义"延伸",使人很容易感到除尘布能延长人手臂的功能。译文 2 中"拉"字的重复再现了原文中 stretch 一词被拉长的效果,形成感觉上的延伸,真切而形象地渲染了产品的功效,令人怦然心动;而译文 1 却轻易地抹去了原文营造的形象美。

Apple Thinks Different.(苹果电脑)

译文 1:苹果电脑,与众不同。

译文 2:苹果电脑,不同凡"想"。

这条广告标语"Thinks Different"言简意赅地说明了要宣传的内容和产品的特质。译文 2 把"不同凡响"这句成语稍作改动,谐音置换变成"不同凡'想'",符合语境,融形会神,较之译文 1,形象更为风趣幽默,给人耳目一新之感。

Memories bright as a tropical bloom,
fresh as a cool sea breeze,
deep as the unhurried sea.
Time steps to a different measure here,
just for the two of you.
Palm bordered beaches gently kiss the water's edge.
Sunset dance, night life sings under a star-filled sky;
moonlight drips soft silver to tuck you in.
This is the Sheraton Bal Harbour Resort.

Where the days hesitate to end, and the memories linger forever.(旅馆广告)

译文1:记忆明丽有如热带的花卉,清新有如凉爽的海风,深刻有如起伏的大海。为了你俩,时间在这里放慢了脚步。棕榈树环绕的海滩亲吻着海水,夕阳在跳舞,夜之生灵在繁星下歌唱,银色的月光照耀着你俩。这便是喜来登旅馆。在这里时光恋恋不舍,记忆永存。

译文2:记忆明丽有如热带的花卉,清新有如凉爽的海风,深刻有如起伏的大海。为了你俩,时间在这里放慢了脚步。棕榈树环绕的海滩轻吻浪尖,夕阳在波涛间翩翩起舞,夜之生灵在繁星密缀的天宇下歌唱,月华轻柔,流银泻玉,把你俩笼罩其中。这便是喜来登旅馆。在这里幸福时光恋恋不舍,美好记忆长萦心中。

原文广告大量地使用比喻、拟人等修辞手法来创造鲜明的意境和生动的形象,使人产生丰富的联想,使人们联想到广告产品的品质特性与情境的相似或相关之处而产生瞬间的顿悟,激起人们对美好事物的向往和追求。两篇译文相比,前者仅在语言维度达意而已,后者四字格结构的迭现,如"轻吻浪尖,翩翩起舞,繁星密缀,月华轻柔,流银泻玉"等,情景交融,不仅在语言符号维度,而且在文化维度和交际维度保证了源语与译语的对等,不但全然没有堆砌凑泊之感,而且措语天然,充满诗情画意,所营造的意境成功地烘托出了原文生动鲜明的景象。

3. 简约美

广告具有简约美的特征。例如：

When you're sipping Lipton, you're sipping something special.(红茶广告)

译文1：当您在品尝立顿红茶时，即在品味其独特性。

译文2：饮立顿红茶，品独特风味。

很显然，译文1只考虑到文本结构上的对等，采用直译的方式，显得拖沓冗长。而译文2则兼顾文本的对等和文体的适应，采用对仗句式来表情达意，讲究语言的简约、凝练和音韵美感，符合中式广告语的行文习惯，因此更为精妙。

Fresh up with Seven-up.(“七喜”饮料广告)

译文1：“七喜”饮料会使您提神醒脑。

译文2：君饮“七喜”，醒脑提神。

在某些应用文体中，言以洁为“美”，尤其是在广告英语中。随着生活水平和生活效率的提高，现代人生活节奏加快，惜时如金，加之广告受众对广告存在戒备心理，冗长的广告容易招致人们的厌恶和反感，因此广告语言逐渐锤炼出“行文简练、语言凝练”的特点。译文1与译文2相比，显得拖沓，表现效果柔弱无力，缺乏美感，原因在于它缺乏广告语简短、干练、有力的特点，而译文2则构型短小精悍，文字醒目，很好地表现了广告语言的文体风格。

4. 创意美

广告具有创意美的特征。例如：

What it's like to be small but good.(旅店广告)

译文1：它虽小，却很好。

译文2：麻雀虽小，五脏俱全。

在这则广告中，两个译文都能做到短小精练，言简意赅，从文本层面和文体风格以及修辞角度做到兼顾，但译文 1 明显逊色于译文 2，其原因在于译文 1 缺乏美感和气势。不同于人的一般心理，审美心理是一种富于创造性的心理。它在感知审美对象、获得审美情感的同时，会根据一定的审美理想，通过联想、想象、幻想等形式，进行创造或再创造，从而创造出具有特色的、传情达意的审美对象。美的本质是创造，是创新。两译相比，译文 1 仅达意而已，译文 2 中，译者从原文的意义出发，寻觅到了一个新的形象，并用中国人熟悉的一句成语“麻雀虽小，五脏俱全”来进行套译，让读者顿感耳目一新，创造了原句所不具备的优美意境，无需缀言，便能体会到该旅馆的设施齐备及全方位优质服务。看了该广告，注重舒适完备、想省钱又想得到周全服务的旅客都想去亲身一试。

All is well that ends well.（香烟广告）

译文 1：结局好，全都好。

译文 2：烟蒂好，烟就好。

这则广告实际上是套用一条英语成语，译文 1 是该成语的字面意义，置于广告中，读者一时难解原句之妙，而译文 2 则是灵感思维的绝妙产物，在香烟广告中，译者利用 ends 所具有的双重意义：动词“结束”和名词“烟蒂”，巧妙地将一句人们非常熟悉的成语嫁接到香烟广告上，足见译者的高明之处，可以产生“一箭双雕”的效果。

Fresh food and fresh air. The perfect recipe for a healthy life.

I've chosen. It's candy.（Candy 冰箱广告）

译文 1：新鲜食物和新鲜空气，健康生活的最佳处方。

我已做出了选择，它就是 Candy 冰箱。

译文 2：新鲜食物＋新鲜空气，健康生活的绝妙处方。

我选定了，就是 Candy 冰箱。

译文 1 的翻译已经无懈可击，既照顾了文本信息的对等，又合仄押韵，但是当我们把目光移到译文 2 时，发现译者将原文第一个句子片段中的 and 译为引人注目的加号“＋”，把 perfect recipe 译为“绝妙处方”,将“I've chosen. It's candy.”采用综合法处理,译为“我选定了,就是 Candy 冰箱”,体现出消费者经过深思熟虑和细心比较后,做出审慎的选择,而且流露出一种意外的惊喜之情,整个译文显得简练传神,既活又“信”,较之译文 1 更胜一筹。

There are several ways to explore the crystal clear waters of Greece. Whether from the deck of a luxury cruise ship which can carry you to many of Greece's 2,500 beautiful islands, from the high-prowed bow of a traditional fishing vessel, or on your own private charted yacht. Whatever your choice, you will never forget Greece.(希腊旅游广告)

译文 1:有好几种办法去探究希腊清澈透明的海水:或在豪华游船的甲板上,任游船带你去游览希腊那星云密布的美丽小岛;或在传统垂钓小舟那高昂的船头上,或是您自己租的小艇上。但无论您选择了哪种方式,希腊都令您难忘。

译文 2:要探究希腊清澈透明的海水,有好几种办法:您可以站在豪华游船的甲板上眺望海水,任游船带你去游览希腊那些星云密布的美丽小岛;或登上传统垂钓小舟那高昂的船头欣赏海水,或者坐在您自己租的小艇上徜徉于海水中。但无论您选择了哪种方式,希腊都令您刻骨铭心。

翻译的过程常常是思维方式转换的过程。由于中西方的思维差异,英汉语中动词、名词和介词的使用频率不同。英语大量使用抽象名词和介词,因而显得虚、静和抽象;汉语多用动词,所以显得实、动和具体。因而英译汉的过程通常是在译文中强化原文的动态色彩的过程。此外,英语多用长句及复合句,而汉语则与之相反,多用短句及简单句,因此翻译时宜将英语的复合句式破译为汉语简单句式。译文 2 恰到好处地顺应了这些特点,其译文通过增加“登上”“眺望”“徜徉”等动态动词,把原文处理成带有动态意义的小句,行文流畅,语言生动,读来抑扬顿挫,气势连贯,字里行间流溢出强烈的动态美。

翻译的过程是译者将两种语言符号所承载的语义内容进行转换的过程,但翻译的最终目的却在于译者能让其读者最大限度地得到近似于原文那样的审美心理感受。由于审美体验的不同,同样一句原文可能会有各种不同的译法,其中不乏见仁见智的余地。但无论哪种译法都必须遵循不同语言的特点、规律和习惯用法。为了确保广告语言艺术和广告语篇风格的再现,译者必须透彻地了解广告产品和广告语篇的内容及其艺术形式,从目的语中精选词语和句式来传达源语的显义和含义,通过忠实和准确的翻译来再现原文的音韵美、形象美、简约美。如果译者的创造美在译文中活灵活现地跳跃着,就一定会打动读者的心,引起美的共鸣。这样的广告译文才能给消费者以美的享受,使其在轻松愉快中接受商品信息,从而达到广告的诉求目的。

第二节　广告文体翻译的生态学视角

从广告文体的基本特征和功能来看,广告的主要社会作用在于传递商品信息、引起消费兴趣、引发社会关注和刺激消费行为等,因此具备明显的交际功能。广告语本身就具备许多超语言的社会文化影响因子,因此在翻译时,有必要将这些影响因子放到翻译生态环境中进行综合考察,即从语言文本层面、文化内涵层面以及社会交际层面对其进行整合性研究,以便对译文进行科学的评价。

广告的信息功能、表达功能以及呼唤功能等要依赖语言文字来实现其表现力。为了实现其表现力,译者既要适应源语的语言环境,又要适应译语的语言环境,才能确保译品的生存性。如西铁城(Citizen)手表的广告“What's on your arm should be as beautiful as who's on it.”其字面意思为“您手上佩戴的东西应该和佩戴它的人一样优雅”,如果采用直译的方法显然译文会拖沓冗长,读来沉闷,不符合广告语体行文特点和表达习惯,那么我们可将之意译为“好马配好鞍，靓表配俊男”，这一起兴手段配以押韵和对仗的修辞手法，使译文文雅优美，意境动人，堪称译品之佳作。

语言是文化的载体，又是文化的产物；广告语作为一种特殊的文化创造物和精神产物，与人类的思维方式、宗教信仰、哲学观念、风俗习惯、价值取向等超语言因素有着密切联系，因此在广告翻译中，译者必须站在源语文化与译语文化的角度来整合翻译素材，以适应译语接受者的文化审美期待。例如，在翻译中国传统食品月饼时，很多译者易采用直译方式将之译为 moon cake，这样做未尝不可，但容易让西方人混淆，误以为是一种金黄色的油饼或者是圆月形的点心，而我们在中秋节时吃的月饼其文化内涵远远不止这些，所以这种直译法在翻译整合适应度上不高，有待斟酌。众所周知，月饼是中国人过中秋节时品享的特殊食品，形似圆月，象征阖家团圆，也象征着人们对丰收的期盼和对月的崇拜，因此考虑到诸多文化因素，我们应将月饼译为：A moon-shaped cake with sweet fillings eaten by the Chinese during the Mid-Autumn Festival as a symbol of family reunion and a kind of worship to the moon.

从广告语的文体特征来看，广告的最基本社会功能就是交际功能，因此考察广告翻译是否成功，除考察语言文本和文化内涵上的对等外，还要突出语言交际功能的对等，关注原文交际意图是否在译文中得以体现。例如，美国 UPS 快递公司的广告语：We care to provide service above and beyond the call of duty. 其直译为“我们为您提供一切服务”，从语言维度和文化维度上看整合度较高，但缺乏交际维度的考察，显然这种直白的翻译可以应用到任何服务行业，该译文缺乏对该行业服务态度和敬业精神等交际因素的考虑，因此不妨译为“殷勤有加，风雨不改”更具感召力和呼唤功能，更能凸显该快递公司竭诚为顾客服务的宗旨。

生态翻译学的理念强调“译者有为”，即译者要在翻译活动中发挥主观能动性，将语言材料置于整个翻译生态系统中进行多元维度考察而非拘泥于语言层面进行信息对等转换，因此在探讨广告文体翻译过程中，译者要站在源语与译语双重立场上，对广告语进行语言维度、文化维度和交际维度的三元维度分析，在翻译生态环境中不断进行“适应性选择”和“选择性适应”，力求创造出“整合适应选择度”最高的译文。

第三节　生态翻译学视域下广告翻译的基本原则

在现代社会，人们把广告比作信息传播的“使者”、促销的“催化剂”、企业的“介绍信”、产品的“敲门砖”。广告在为商家盈利，增加购买的信任感和购买的欲望起到了很大的作用。译者应通过诉求个性化理念，引起消费者共鸣，达到广告翻译的最终目的。广告翻译的目的是为了刺激消费，同时给予大众美的享受，用言简意赅的形式，高度概括所宣传的商品或服务的特点及内涵，突出商品与众不同之处。

广告翻译无处不在，成为当今社会广泛使用的交流媒介。它作为一种应用语言，总是离不开特定社会的语言环境、文化环境、社会环境、交际环境等因素的影响与制约，受制于特定社会群体的消费观念、社会心理、审美情趣等因素，因此广告翻译离不开翻译生态环境的制约作用。为了使广告具有特殊的感染力，广告应表达真实准确，用词独具特色，句法简练丰富，同时应兼具适当修辞，具有强烈的艺术感染力和语言艺术美。在翻译时，译者不但要在语言维度上遵循翻译的基本准则“信、达、雅”，而且要考虑文化维度以及交际维度上翻译过程与翻译生态环境诸要素之间的适应性选择与转换，尤其要关注广告的押韵性、简约性、内涵性和创造性，以便创造出最契合译语受众群体所理解和接受的地道译文。

广告文体的翻译较之其他文体，在文化维度和交际维度上对语言生态环境的依赖性更强、要求更高。例如，玫珂菲化妆品的广告 make up for ever 译为“浮生若梦”,这条广告语内涵深刻,其字面翻译表示“常常化妆”,但这里的 for ever 却被翻译成了 forever 的意思,表示“永远”;make up 的使用指出了化妆品的作用。“浮生若梦”这一译法的寓意在于,“化妆”犹如一场梦,带给人们美的享受,即便身处于喧嚣的尘世,也能潇洒自信的活出自己的精彩人生,同时也可以理解为产品品质好,能令您妆容持久,美丽依旧,给人留下美好而深刻的印象。再如 DE BEERS 钻石的广告“A Diamond is forever (DE BEERS)”,字面意思是“一颗钻石代表永恒”,如果直译显然文采黯然失色,因此经典的译法是进行意译,译为“钻石恒久远,一颗永流传”,既传递了产品品质持久的信息,又发掘了产品的象征寓意。这条广告是丰富的内涵和优美的语句的结合体,一语双关地表明了钻石能够长久保存,爱情也如钻石一样璀璨夺目且天长地久,不仅表明了钻石的高贵价值,更赋予爱情钻石一般的品质。同时此广告注重音韵美,读来朗朗上口。

因此,在进行广告翻译时,应注意以下几点基本原则。

一、在语言维度上广告翻译的语言力求精练规范

一则成功的广告语翻译,应能够让广大消费者通过译文轻松愉快地记住其所代表的商品,为达到这个目的,广告翻译必须要语言精练规范。如 Hewlett-Packard 品牌商标在中国最初被译为其公司名——休利特-帕卡德,没有达到预期的目的,后改为“惠普”,却成为目前非常受欢迎的知名品牌。但是,在翻译中,语言精练规范不代表一味强求再现源语的某些表现形式,应按照消费者的思维模式和接受程度来适当灵活地处理句式和句法,在不失原则的情况下译出广告味儿。例如,“Coke refreshes you like no other can.”译为汉语惯用的四字格结构“可口可乐,提神醒脑,无与伦比”,既押韵又对仗,句式工整,语言凝练,气势不凡,非常恰当,易于为大众所接受。

二、在语言维度上广告翻译擅用修辞手段

为了使广告商标的目的和文化交流功能能够更完美的得以体现，可以巧妙运用修辞技巧。因为语言是表达思想的工具，而修辞可谓表达语言艺术的工具，所以在广告用语翻译中恰当的使用修辞手段，可以增加说服力和表达效果，能够给人留下深刻的印象。在翻译中，可以合理运用委婉语、双关语、成语、谚语等手段增强译文的文采。例如，委婉语（euphemism）用语模糊，有时可以不按事实精确地叙述，可有效地迎合普通大众的消费心理。例如，“物美价廉”译为 cheap and good，使人想起伪劣假冒商品来，因为 cheap 这个单词含有“便宜无好货”的消极意义，而选择 economical and good 则表现恰当而准确。再如，双关可以利用同音词或谐音词与一词多义的词来表达真正的意图，同时也体现了它的双重语境，在有些译文中通过谐音双关，可以体现广告作者和译者的独具匠心。

三、在文化维度上广告翻译多用创造性翻译

为了吸引异国消费者，广告翻译者必须在译语环境里找到能调动和激发消费者产生购买欲的语言文化手段。例如，Poison（香水品牌），该词本意是“毒药”，代指令人厌恶的东西，这是市场专家经过分析研究，为了满足一些女性追求的野性，迎合她们的口味而精心设计的商标。而到了中国商场，译者则充分考虑了中国女性的特点，运用逆向思维进行创造性翻译，译成“百爱神”香水，同时照顾了源语与译语在发音上的对等，一下子打开了中国市场，受到中国女士的欢迎，让人产生“喷上百爱神香水，即刻变身男神、女神”和“用了百爱神香水就会成为众多追求者仰慕的对象”的联想。所以，在广告翻译中不仅仅是简单的文字转换，还要大胆启用创造性思维进行翻译，才能达到出乎意料的宣传效果。

四、在交际维度上广告翻译应遵循 AIDA 法则

AIDA 法则是 1898 年美国学者 E. S. 路易斯提出的衡量广告是否合格、成功的标准之一。他认为,成功的广告应该符合 AIDA 法则,即吸引注意(attention)、激发兴趣(interest)、刺激欲望(desire)和付诸行动(action)。该法则认为,一则广告要引起人们的关注并取得预期的效果,就必须引起消费者的注意,使其产生兴趣,激发其消费欲望,并最终实施消费行为。

在翻译实践中,衡量一则广告语是否取得 AIDA 效果,译者译前必须把握广告译文的传播地区和传播对象,不同市场的不同需求;译文传播地区的语言、历史和文化,消费者的消费观念和消费心理;作为传播工具的语言在不同国家和地区的消费者中不同反应的程度;以及不同语言环境下广告表现手法的差异等信息。

根据 AIDA 法则,要想通过广告语言使消费者对广告产品或服务产生兴趣,并能激发消费者的购买欲望,就必须集音、形、意、情、美于一体。精通受众国的语言,适应其语言习惯及特色,是广告翻译 AIDA 实现的基础和保证。在翻译过程中,必须注意到两种语言的差异,不仅要完整地表达信息,而且要根据读者的语言特点、地域差异、文化水平,使用读者易于接受的译语表达形式,令译文更能打动消费者的心。

例如,Vandermint 酒的广告语"Vandermint isn't good because it's imported; it's imported because it's good. (Vandermint)"可译为"好酒不在进口,进口必是酒好。"

广告原文中 7 个单词重复使用,既说明了"酒"与"进口"之间的关系,又强调了 Vandermint 的与众不同。其译文仿自刘禹锡的《陋室铭》中的著名诗句,即"山不在高,有仙则名,水不在深,有龙则灵。"通过仿拟这一修辞手段,套用受众者耳熟能详的俗语,技巧性地营造出一种亲切、熟悉的氛围,让消费者有种似曾相识的感觉,引起消费者的共鸣,从而获得消费者的信赖,达到销售产

品的目的。

中国有句励志名言，即“有志者，事竟成”，其英文表达“Where there is a will，there is a way”常常被套用，最经典的例子就是日本丰田汽车的广告语“Where there is a way，there is a Toyota.(Toyota)”译为“车到山前必有路，有路必有丰田车。”这则广告的策划者巧妙地利用了“Where there is a will，there is a way.”这一名言警句的构句模式，能够很容易地吸引欧美消费者并占领欧美市场。中文译文更高明地使用了“车到山前必有路，有路必有丰田车”的连珠修辞格，使广告语首尾呼应，突出“车”与“路”之间的紧密联系，从侧面反映了丰田汽车追求卓越的经营理念和占领全球市场的雄心壮志，同时蕴含着丰田的售后服务便捷高效之意，为消费者消除维修保障的后顾之忧。原文译文利用人们对俗语的熟悉程度，达到了广而告之的宣传目的。

再来看一则 M&M 巧克力的广告“M&M smelt in your mouth，not in your hand.”字面意思为“M&M 巧克力入口即化，不黏手”，为了照顾中国消费者的审美要求和表达习惯，可将其译为“只溶在口，不溶在手”，这样既做到押韵对仗，又使译文简洁凝练，两组四字格词简单生动地表达了该巧克力的味道醇香，品质过硬，入口即化，且不黏手，同时巧妙地暗示了巧克力味道极佳，以至于我们不愿意使巧克力在手上停留片刻，迫不及待地放入口中品尝。使用四字词组迎合中国人的审美观念，容易引起顾客的共鸣，产生消费的欲望。

AIDA 法则强调以消费者为中心，这就决定译者在广告翻译活动中要考虑消费者所处的文化背景。各个国家和地区在价值观念、思维方式、审美情趣等方面的差异，在很大程度上左右着商业经营者以及消费者的心理和行为。这就需要翻译广告时必须深谙两种文化的差异，重视译文的文化背景，关怀受众文化，遵循“受众至上”的原则，最大限度地达成与消费者之间有效的良性互动。

例如，可口可乐的广告语“Can’t beat the feeling.(Coca-Cola)”,这是一则家喻户晓的广告语,beat一词本意为“击打”“击败”,与feeling搭配,充分体现了张扬和活力。源语使用省略句式,让消费者自己去增补主语,无论是增补I,you,he,we,they都讲得通,所以,广告语的设计者将这种省略的主语由固定群体扩展为泛指任何人anyone,无形中暗示了其产品无论对于什么样的群体,男女老幼或是中外消费者,都具有无穷的魅力,因此该广告语可译为“可口可乐,挡不住的诱惑”,这一霸道的译文为可口可乐打开中国市场发挥了重要作用。该译文充分考虑到了中西文化中的价值观念的差异,以“挡”来诠释“beat”,将原文中带有的攻击性巧妙地弱化,同时又未改变原文简洁明快的节奏和意义,得到了中国消费者的广泛认同。

全球知名奢侈品品牌香奈儿香水有一则广告语为“I wear nothing but a few drops of Chanel No. 5. (Chanel No. 5)”其译文为“无需赘饰,只需几滴香奈儿五号。”乍一看,该广告词的汉译似乎过于质朴、低调和缺乏文采了,但是这恰恰体现出译者对中国文化背景的精准把握和香奈儿公司对中国市场的准确定位:香奈儿五号香水的中国消费者是有着良好的教育背景,时尚而又娴淑的优雅东方女性。既然是东方的文化背景,汉译的风格就不可能像源语言那样风情万种,而采用含蓄和朴素的翻译策略则更符合中国女性的审美情趣。

以上分析的均是英译汉的例子,再来看一则汉译英的例子,中国名酒孔府家酒的广告语是“喝孔府家酒,做天下文章。”被译为“Confucian Spirit provokes your mind.”原文突出了孔府家酒的文化内涵,孔子作为中国历史上著名的思想家、教育家,其名字家喻户晓,儒家思想在中国深入人心。该译文考虑到了译语受众群体的接受能力,将“孔府家酒”译为Confucian Spirit很容易让英语受众了解该酒的文化内涵,而且Confucian Spirit一语双关,既表示孔府家酒,又表示儒家精神。用provokes your mind改译了西方人难以理解的“做天下文章”这一句,符合西方人崇尚“激励思维”的文化心理,易于被西方消费者接受并引起其联想。

人们购买某种商品，是由他们的需求决定的。为了有效地激发受众的购买动机，广告要努力顺应并激发受众的需求。AIDA法则下的广告翻译还要充分考虑受众的心理期待，利用一些满足目的语读者心理和生存需求的语言向其目标受众推销或制造这些需求，不断深化目标受众的潜意识，营造符合受众潜在欲望的氛围，使其遇到适当的条件即转化为购买动机和行为。

例如，莱尔斯丹女鞋的广告语“That's my way. (La Saunda)”可将其译为“穿莱尔斯丹女鞋，踏上个性之路。”当今的年轻中国女性追求时尚，崇尚个性与自我展示，译文在剖析这一特定消费群体及其特殊心理需求后结合产品特点，进行针对性的诉求，非常符合中国年轻一代女性的市场定位。译文的妙处在于“个性”一词的选择与增补，配上“踏”和“路”又恰恰告知消费者这是鞋子的广告，使莱尔斯丹女鞋的时尚设计与特点得到了很好的宣传，吸引并激发潜在消费者的购买欲望，最终产生消费行为。

再来看一则劳力士手表的广告语“The Crown of Achievement—Rolex”，作为历史悠久的世界级名表，劳力士的广告语也尽显霸气风范，Crown 译为“王冠”，所以该广告语的字面意思是“劳力士手表，手表中的王者”“劳力士手表，助您登上人生成就之巅”，或者象征着成功人士的尊贵身份和地位，理解为“戴上劳力士表，尽显王者风范”；但以上译文还局限于文本层面的信息对等，注重对产品的宣传。众所周知，在 20 世纪的机械表时代，劳力士手表以其瑞士品质标准的制表工艺与技术始终保持着在手表界的翘楚地位，其产品品质已是不言而喻，因此以上译文略显画蛇添足，因此不妨译为“一旦拥有，别无所求。”更妙。其汉译不但具体化解释了原文广告语的含义，而且增补了修辞格上的音韵美感，引申出广告语的内涵和文化底蕴，最重要的是符合中国消费者的审美要求和心理诉求，读起来朗朗上口，霸气十足，能够吸引成功人士和社会名流的注意，因为劳力士手表不仅是计时器，更是身份、地位和成功的象征。

第四节　生态翻译视域下广告翻译本土化的三维转换

作为一种特殊的应用文体，广告具备独特的词法、句法和修辞特点。如常使用褒义形容词、复合词、四字格词、简单短句、主语省略句、疑问句和夸张以及押韵等修辞手段等。此外广告还具备一系列美学特征，如音韵美、字体美、图案美、创意美和意象美等，这些基本特征为译者从事广告翻译活动提供了无形的参考和准绳。

在广告翻译和英语广告翻译本土化方面，美国学者 E. S. 路易斯于 1898 年提出的 AIDA 法则可谓指导广告翻译的有效法则。因此，在实现广告英语翻译本土化过程中，必须确保广告文本的“神”与“韵”得以充分表达，使其呼唤功能得以彰显，使译文为目的语文化所接受。

生态翻译理论强调“以译者为中心”和“译者有为”的理念，强调译者在发挥自身主观能动性进行翻译活动的过程中，必须从多元维度对翻译生态环境进行“适应”和“选择”；广告翻译也应从语言、文化和交际三元维度进行整合性研究，具体策略介绍如下。

一、广告翻译本土化之语言维度

如果一则广告的源语与译语在词法和句法等文本结构层面对等或基本对等，在翻译过程中译者可以采用直译或意译的策略进行翻译，同时可以兼顾广告文本的翻译生态环境进行“适应性选择”。所谓“适应”，即了解广告语言的基本特征和译者的自身内环境；所谓“选择”，即根据具体的翻译生态环境对翻译策略进行选择。例如，“三优”家具的广告语使用夸张修辞格：Unrivalled quality, Unbeatable prices, Unreserved service! 翻译时译者可以采用直译的策略将之译为：优良的品质、优惠的价格、优质的服务！英语的三“U”与汉语的三“优”又同音，因此该译文更能突显出该产品的名副其实和优质品质，收到很好的宣传效果。而立顿奶茶的广告语：Why our special teas make your precious moments even more precious? 在翻译时就无法在语言层面完全对等，甚至个别词的翻译会出现缺位现象，因此译者应考虑采用意译的策略，将之译为“非凡立顿，异样人生”更符合汉语的表达习惯。

二、广告翻译本土化之文化维度

由于地域环境和人文环境的差异，国人与西方人在认知模式、意识形态、心理结构、审美方式以及文化价值观等方面存在很大差异。中国人重权威、重群体、重道德、讲求人情至上，崇尚集体主义和平均主义，而西方人的心理结构较复杂松散，以“人本”“认知”“行为”为其基本内容，形成西方特有的文化心理。在从事翻译活动时，译者应对诸多超语言生态因素进行整合，兼顾文本与超语言生态因素的关联，有目的地适当增补译文的内容。具体包括两种情况，其一是对原文某些关键词的词义进行挖掘、引申和扩充，将原文的深层意思加以发挥或使其隐含意思凸显，所以译文的意义明显超出原文，是典型的超额翻译。其二是出于中英文化差异和表达习惯上的考虑，适当采用音译法、套译成语法、直译加注法等，避免因文化差异等因素造成广告翻译的误读或误译。例如，法国赛诺菲公司推出的 OPIUM 男士香水直译为“鸦片”，其原本的寓意在于证明该香水具有无穷的魅力，一旦使用便会爱不释手，但是推向中国市场却引来消费者的抨击，销售惨淡，因为该公司忽视了 OPIUM 在中国文化背景下的内涵而导致商业上的惨败。再如上海产的“白翎”钢笔，其英译为“White Feather”，在英语国家却无人问津，其原因在于英语中有句成语“to show the white feather"意思是临阵逃脱,白色羽毛是懦夫和胆小鬼的代名词。而下面这则玛斯巧克力的广告语则考虑到汉英语言生态环境的差异,巧妙地采用了套译成语典故的策略进行翻译,"A Mars a day keeps you work,rest and play. (Mars chocolate)"译为:一天一块玛斯巧克力,让您工作像工作,娱乐像娱乐。(这条广告让人联想到两句英语国家家喻户晓的成语:An apple a day keeps the doctor away. 和 All work and no play keeps Jack a dull boy.),译文的翻译生态整合适应度极高,可谓优秀的译文。

三、广告翻译本土化之交际维度

语言学范畴的语言与言语的区别在于,语言仅仅是由音、形、意、语法等要素构成的静态的语言符号系统,语言唯有放在语言生态环境中与其他要素产生交互作用,即运用语言符号来产生交际行为并实现一定的交际目的,语言才被赋予生命力,才具有存在的价值,此过程谓之言语。可见,交际才是语言存在的真正价值之所在。而广告语言的最显著功能——信息功能和呼唤功能——正是言语交际价值的最好体现。在从事广告翻译的时候,如果突破文本层面和文化因素的局限,译文仍未达到与翻译生态环境的最高整合度,则译者应从交际的维度思考广告语的翻译问题,适当采用增补型翻译法、浓缩型翻译法、创译法等策略进行处理。

例如,下面这则广告"位于上海九江路的金融广场,雄踞黄埔区商业中心的心脏地带,交通方便,商贸往来繁盛,地点理想适中",如果进行直译,译文必然拖沓冗长,不符合广告语体凝练传神的气质,因此应当采用浓缩型翻译法进行处理,将源语的主干信息进行浓缩和保留,译为"In the heart of Huangpu,Financial Square on Jiujiang Road is a well-situated Shanghai office tower",这样就突出了英语重形合而汉语重意合的特点,使译文在译语生态环境中具有最高的整合适应度,达到翻译的最优化。

胡庚申教授以翻译适应选择论为理论基础提出的生态翻译理念为翻译研究提供了更广阔的研究视角和更完善的思考维度。在广告文体翻译中，唯有从语言文本层面、语言文化背景层面以及语言交际应用层面这三重维度对译文进行整合性译论研究，才能真正发挥译者的主观能动性，使译文契合所处的翻译生态环境，并使之具备更高的整合适应度，成为最具生命力的优秀译品。

第五章　应用文体翻译的生态学视角：商标翻译

随着全球化的进一步加深，世界范围内的信息交流也逐渐加强，以“传递信息为主要目的”的实用文本越发代表着时代的最强音，这对应用文体的翻译也提出了新的挑战，而将生态翻译学运用于应用文体翻译，或从生态翻译学视角来探讨应用文体翻译，既有其坚实的理论基础，又符合全球生态取向的大趋势。

在生态翻译学“翻译即适应与选择”这一基本理念下，应用文体的翻译过程具体表现为译者在实用文本这一极其复杂的翻译生态环境中着重参照“读者反应”这一重要因素，从语言维、文化维、交际维进行“选择性”适应和“适应性”选择的交替循环过程。相应地，最终的翻译标准则表现为结合“读者反应”的“整合适应选择度”最佳化程度。由此可见，从生态翻译学视角探讨应用文体翻译，不但为应用文体翻译提供理论参考和实践指导，而且可以提高实用文本翻译的跨学科性，具有一定的创新意义，并给未来的应用文体翻译带来更广阔的研究前景。

第一节　商标的缘起与界定

一、商标的缘起

商标的起源可追溯到古代，当时工匠们将其签字或“标记”印制在艺术品或实用产品上。随着岁月迁流，这些标记演变成为今天的商标注册和保护制度。这一制度帮助消费者识别和购买某产品或服务,因为由产品或服务上特有的商标所标示的该产品或服务的性质和质量符合他们的需求。商标是用来区别一个经营者的品牌或服务和其他经营者的商品或服务的标记。我国商标法规定,经商标局核准注册的商标,包括商品商标、服务商标和集体商标、证明商标,商标注册人享有商标专用权,受法律保护。如果是驰名商标,将会获得跨类别的商标专用权法律保护。

二、商标的界定

随着社会经济的发展和科技水平的提高,国内外商品的进出口及其经济文化交流日益频繁,商标名称的翻译也越来越受到重视,其翻译方法和策略的研究也应不断丰富和发展。所谓商标是指"商品的生产者、经营者在其生产、制造、加工、拣选或者经销的商品上或者服务的提供者在其提供的服务上采用的,用于区别商品或服务来源的,由文字、图形、字母、数字、三维标志、声音、颜色组合,或上述要素组合而成。商标是具有显著特征的标志,它是现代经济的产物"。世界知识产权组织(World Intellectual Property Organization,WIPO)将商标界定为:将某商品或服务标明是某具体个人或企业所生产或提供的商品或服务的显著标志。从商业领域角度来看,包括文字、图形、字母、数字、三维标志和颜色组合,以及上述要素的组合,均可作为商标申请注册。经国家核准注册的商标为"注册商标",受法律保护。商标通过确保商标注册人享有用以标明商品或服务,或者许可他人使用以获取报酬的专用权,而使商标注册人受到保护。商标翻译要求译者不仅熟练掌握两种不同语言体系,同时熟悉两种不同民族文化的共性和个性,有效地传达出商标所蕴含的商品信息和商业价值,扩大商品的国内外影响力和品牌知名度,扩大商品的销售和刺激消费者进行消费。

第二节　商标翻译中的常见问题

商标标识语的翻译不仅受到中英语言体系和表达习惯的影响，而且受到中西方文化差异、思维方式、审美差异、道德观、价值观等超语言因素的制约，在翻译过程中要兼顾以上诸因素，同时译文要符合广告文体的特点，不能单纯的望文生义，否则译文就会生硬死板，缺乏灵气，满足不了消费者的心理期待和对产品的向往，达不到广告的宣传目的，有时甚至适得其反，令消费者心生厌恶，导致产品不畅销，为企业带来经济损失。从目前来看，商标标识语的翻译主要存在以下几方面的问题。

(1)商标翻译平淡无奇。比如，Coca-Cola 最初译作“口渴口蜡”，这是很令人费解的。后来有人将其译作“可口可乐”。“可口”意为美味，“可乐”意为高兴。这样翻译似乎在告诉消费者喝这种饮料能带来美味和快乐。

(2)具有强烈的政治色彩。由于中外政治制度的差别，很多西方人不喜欢接受社会主义色彩商标的产品，如“解放牌”“红旗牌”“地球牌”在中国使用没有问题，但是在国际市场上很难被外国人接受。例如，“地球牌榨菜”在国外市场上滞销，因为该品牌的 logo 是红旗插遍的地球，这让外国消费者很难接受。

(3)缺乏跨文化意识和民族审美心理的研究。商标翻译要特别注意适应目的语消费者的民族心理、价值取向等文化习惯，应符合大众审美心理，兼顾文化差异。例如，“金鸡牌”闹钟“Golden Cock”中的 Cock 在英、美等国家有“男性生殖器官”之义，显得粗俗。大众的审美心理与商标翻译之间存在着非常密切的关系。译者要熟悉外族文化，了解异域人民的审美心理。商标翻译除了要能够反映商品的性能外，还要具有一定的美感。一个好的商标必须通俗易懂、符合大众的审美需求和审美能力。

Johnsons(强生)、Arche(雅倩)等商标的翻译都具有易认、易读、易看的特点，这是一种形式上的美，而 Kodak(柯达) 则体现了音韵上的美。只有当一个译名在人们心目中产生与本国消费者相似的美感时，该产品才会被接受。

(4)缺乏对目的语语言的深入研究。如果说贯彻跨文化思想是商标翻译的重点，那么语言转换则是商标翻译的一个难点。因此，在商标翻译过程中译者应了解不同国家的地理环境差异和异域人们的消费心理。美国著名石油公司 Exxon 公司的 Esso 商标在日语中意为 stalled car(熄火，抛锚的车)。美国通用汽车公司旗下的 NOVA 品牌汽车居然在拉美国家销不动，因为 NOVA 在西班牙语中是“开不走”的意思。后来改为拉美人比较喜欢的“加勒比”牌，市场很快就打开了。

每个人都不可避免地生活在不同的环境和氛围中，其思想意识、行为方式、思维方式、情感方式都必然打上民族文化的烙印。因而，人们对事物的接受也会因为周围环境的制约影响而表现出强烈的差异性。这就要求商标译名应考虑到当地的一些特殊情况，这样才能得到人们的认同。否则，会适得其反。

(5)文化差异意识及文化禁忌意识淡薄。语言是文化的重要组成部分并植根于所在民族的文化之中，受文化的影响并对文化的发展起到促进作用，因此译者不仅要熟练驾驭源语与译语两种语言，而且要具备中西文化差异与转换意识，在商标翻译过程中做适当的文化转换，以使商标的翻译符合译入语的表达习惯并为译语受众所接受。

例如，之前多次提到的“龙”，“龙”是中华民族的象征，而英语中的 dragon 是邪恶的象征。孔雀牌电视在中国很畅销，但是在国外滞销，因为“孔雀”在汉语中是一种美丽的鸟，而 peacock 在英语中有“淫秽”的意思，会给人带来厄运。再如，“三枪”牌内衣，译名为 Three Guns，标注此译名的商品若销往日本、哥伦比亚和北非地区，就会受到欢迎(因为 Three 在这些地区代表“积极”意义)，但是若销往乍得、贝宁等地市场，则应更换译名，因为在乍得，奇数被视为具有“消极”意义，在贝宁“3”则有“巫术”的含义。同样“菊花”牌内衣、“菊花”牌味精，质量均不错，英译为 Chrysanthemum 能在世界许多国家和地区畅销，但在法国、比利时受到冷遇，究其原因，这几个国家忌讳菊花，将其视为不祥之物。

产品的商标在英汉互译时，要兼顾文化禁忌意识和文化个性差异，不能简单地音译或意译了事。例如，举世闻名的男子服饰商标 Goldlion，意译本是“金狮”，但它听起来容易使人误解为“金失”，显然商品不会有好的销售。所以为使商品增添富丽堂皇的气派，并满足人们渴望吉利、追求豪华的心理，将 gold 一同保留意义，而 lion 一词来取音译手法，两者结合在一起便有了驰名全中国的“金利来”商标。不但气派恢宏，而且含义吉利。尽管和原意不尽相同，但其宗旨、作用、效果是一致的。这都可以看出，文化习俗，价值观念和象征意义这些差异在翻译和跨文化交际中的体现，这就要求翻译要以译语文化为基础。

商标是产品形象的代表，商标翻译的成功与否，直接关系到产品能否在目标市场畅销的问题。商标翻译对企业建立良好的形象信誉，获得最佳的经济效益，在某些情况下起着关键作用。然而，由于中西方文化背景的不同，商标的翻译要讲求策略。在进行商标翻译时，无论是汉语商标英译，还是英语商标汉译，都应该既要掌握好商标翻译的方法，即直译法、意译法、音译法、音意合璧法等，又要考虑各种相关要素，包括消费者的民族心理、价值取向、宗教信仰等，不能一味强调高度忠于原文。同时，在翻译时予以灵活巧妙的变通，加以创造，使翻译的商标符合翻译语言的特点，最大限度的得到译语受众的认可与接受，最终达到让其购买商品的目的。本文只是对商标翻译作了较肤浅的研究，今后应更深入研究其国内外的商标名的文化内涵和语言特征，同时商标翻译的理论应随时代的发展而不断革新，这样才会译出成功的商标名称。

第三节　商标翻译的基本原则

商标翻译要符合商标词的特点，准确达意，灵活创新，简洁明了，达到原商标词的效果，使顾客乐于接受该产品的信息，以获得理想的经济效益，同时商标翻译还应该遵循一些基本的翻译原则并讲究一些必要的翻译策略，才能达到在商标翻译中符合他国的风俗文化以吸引更多消费者的目的。从商标自身的文体特征来看，商标翻译必然受制于自身的文体特点，在翻译过程中必须遵循基本的翻译原则。

一、合目的性原则

商标翻译的最终目的是使译语消费者了解该商标所指商品的特点、功能、效用，唤起消费者注意，并激发其潜在的购买欲望，这是商标翻译的心理动机。不论采用何种翻译方法，都必须以这个目的为前提，这就是商标翻译的合目的性原则。

美国学者 ALRies 曾经说过："一个译名的好坏，在销售业绩上有千百万美元的差异。"由此可见，商标翻译的好坏直接关系到该商品甚至企业的生死存亡。例如，前面提及的 Coca-Cola 可谓是最著名和成功的商标翻译之一，其中合目的性原则对该商标的汉译起到了决定性作用。起初 Coca-Cola 被译为"蝌蚪嚼蜡"和"口渴口腊"，如此翻译难免使国人联想起"味同嚼蜡"，再看看饮料的颜色想想译名中的"蝌蚪"，不禁一个寒战，早已没有了品尝的心情，更不用奢谈购买了。后经英籍华人蒋彝先生神来之笔，改译为"可口可乐"，这一翻译意味着既享口福又幸福快乐，既切中了消费者购买饮品的期待——"可口"，又符合中华民族追求幸福吉祥的民族心理——"可乐"。如此妙译才能使该商标品牌获得惊人的销售业绩，目前 Coca-Cola（可口可乐）的品牌价值为 240 亿美元，雄踞世界榜首。

二、音美原则——简短、元音、易读

为吸引消费者的注意力，商标在命名时首先就要在读音上下功夫。在商标翻译审美再创造时,译者要根据不同的译语特点,在尽量保持源语读音特点的基础上,多采用开口音、双声和叠韵来增强读音效果,使商标译名简短有力,朗朗上口,再创造出符合译语民族审美心理的译语商标。英汉商标互译的大量实例,都说明了商标翻译应该以简短、元音、易读为音美标准。

(一)英语商标汉译

为符合译语即汉语的特点,英文商标在汉译时应尽量以2～3个汉字为宜,最多不超过4个。例如,Mercedes-Benz本为“梅赛德斯·本茨”,译为“奔驰”后,更加简练生动;Hewlett-Packard Co.是休利特—帕卡德公司,港台译者取其字首HP译为“惠普”,简短明快,寓意深刻;还有Protector & Gamble也是取其字首转为P & G,译为宝洁,极具简洁之美。

(二)汉语商标英译

汉语商标英译以2～4个音节为宜,注意选用含长元音、双元音或开音节的单词,适当运用头韵和叠韵,使得译名商标更符合英语的语音特点,彰显音韵美。例如,方正Founder、四通Stone、雅戈尔Youngor、海尔Haier、康佳Konka、霸王Power、新科Shinco、乐凯Lucky。

三、意美原则——简洁、寓意、易懂

意美原则要求译者要通盘考虑原商标的含义和译入语民族的民族审美心理,包括世界观、价值观、宗教信仰、风俗习惯等,达到最大限度传递商标价值,唤起消费注意,促进购买欲望的目的。为此,意美原则要求商标翻译应力求简洁、寓意美好、通俗易懂。例如,Revlon译为“露华浓”,立即使人想起李白著名的诗句“云想衣裳花想容,春风拂槛露华浓”,怎能不唤起消费者心中美好的联想,进而“慷慨解囊”呢?著名电脑品牌联想,翻译成“Lenovo”而不是普通的Legend,为的就是借助novo这个拉丁词根(新意),使得译名与众不同。

四、形美原则——简化、字义、易识

商标翻译的形美原则要以简化、字义、易识为标准,尽量凸显汉字字形之美,英文字形之意。字体简洁,汉语尽量不使用繁体字,英文不使用长单词(不超过8个单词),字形简单,易识易记。字义符合商标所指商品特点,特别是汉译商标要斟词酌字,将汉字内含的美好意思赋予商标翻译。例如,皮鞋商标Belle,译为“百丽”,原意为“美丽的女人”,似乎译为汉语“白俪”意为白领丽人为佳。但仔细想来,“百”意指百变,形式多样,“丽”意指美丽,超凡脱俗,合在一起就是百变而美丽,正符合女人不断改变自己的形象,永远追求美丽的心态。作为皮鞋的品牌也指鞋子样式繁多,却都美丽时尚,紧紧抓住了消费者爱美多变的心理,比起“白俪”来,字义上更胜一筹。

广告商标语的翻译是一项复杂的工作,好的翻译对于产品的销售、促进跨文化交流起着重要的作用。因此,在翻译过程中译者应综合运用各种翻译方法并坚持必要的原则,否则会造成不必要的错误从而影响商品的销售,造成跨文化交际的失败。

第四节　生态翻译学视域下商标翻译的基本策略

商标翻译作为一种实用性强且传播广泛的应用文体,在翻译过程中也要受制于其生态翻译环境和文体特征因素等,译者在处理商标标识语翻译时,不仅要考虑源语与译文在文本形式上的对等,对于某些特定民族文化所产生的特殊词汇或语言现象,也应放在特定民族的历史文化背景中加以考察,并结合商标语的表达意图,在文化维度和交际维度对译文进行斟酌和调整;生态翻译

学视域下商标翻译的主要策略有以下一些。

一、直译法

直译法是指将商标的意义直接翻译出来,是商标翻译的常见方法。例如,Playboy 译作“花花公子”,Crown 译作“皇冠”,Apple 译作“苹果”,Microsoft 译作“微软”等。采用直译法,可使译文忠实原商标的含义,其译名简洁易读,与原文具有同样的促销功能。例如,我国进出口商品中有不少商标是以花、鸟、动物、名贵物品命名的,这类商标基本上都是采用直译的方法。进口商标如 American Standard (美标洁具),Crown(皇冠轿车) 等;出口商品如 Panda(熊猫),Little Swan (小天鹅),Dynasty(王朝葡萄酒)等。这些译名的显著特点就是使消费者情不自禁地对商品产生好感,从而有利于商品的促销。这种方法可以表达商标中最本质的意思。然而,译者应避免出现两种语言之间的文化差异,否则会造成目的语读者心理上的反感。

二、音译法

音译就是尽量保持源语言的发音,使用目的语中相同或相似的发音来作为译名。它是指在不违背目标语语言规范和不引起错误联想或误解的条件下,按照源语商标名称的发音,找到与之语音相近的汉语字词进行翻译的方法。

采用这种方法时,译者采取的原则是使译名的发音尽可能接近原文的发音,所选用的词必须是中性词,如将 Siemens 译成“西门子”,Buick 译成“别克”,Sony 译成“索尼”,Nokia 译成“诺基亚”,Audi 译作“奥迪”,Benz 译作“奔驰”,Kodak 译作“柯达”。

在使用音译法的时候,译者应注意目的语读者的美学心理,以避免不恰当的翻译。例如,“芳芳”牌爽身粉译作汉语拼音 Fangfang,Fang 在英语中指的是毒蛇的牙齿。无疑没有英美人士愿意购买这种品牌的爽身粉。

国外许多成功商标的翻译就是结合中国文化和汉语语言，译出既符合中国人的心理习惯又很有东方文化情趣的汉语商标词。例如，美国运动鞋 Nike，译为“耐克”，使中国人感觉“抗磨耐穿”，“克服困难”，更符合中国人的消费心理和审美心理。

三、音意结合法

音意结合法可分为音译双关法和谐音寓意法。音译双关法是指采用“音译”和“意译”相结合来进行翻译的方法，即将英语商标的一部分或全部，灵活选用有关“意译”和“音译”中的适宜奏效的方法，来译出该部分或全部，然后再把它们组合成如意的汉语商标。例如，法国著名化妆品牌 Biotherm（碧欧泉），既有音译的成分又结合意译，充分抓住了消费者爱美的心理，“碧”“泉”表明了该产品能使消费者的皮肤光彩照人，得到天然矿泉的滋润。

而所谓的谐音寓意法，即指谐音要求语音相近，寓意则是重点。寓意一定要符合目标语语言特点，适合目标语受众的消费心理，风俗习惯，激发消费者有益联想和购买欲望并诱导其购买行为。例如，回力牌橡胶球鞋英译为 Warrior 极为成功，“回力”在汉语中有“回天之力”的寓意，而 Warrior 在英语中指勇士，二者发音极为相似且寓意美好——穿上勇士球鞋，必备回天之力，并助你踏上勇创伟业的成功之路。

又如，Ball Mall 香烟，译为“顺”牌，此商标无论音译与意译都与“顺”沾不上边，“原来‘Ball’与‘波’谐音，‘Mall’与‘殁’谐音，于是‘Ball Mall’就成了‘波泊浪殁’，也就是大海风平浪静了，于是在海上航行的船就‘一帆风顺’了”，于是得名“顺”牌。而汉译“金霸王”是借“力拔山兮气盖世”的楚霸王项羽的形象来推销产品，创意贴切独特。此种方法舍弃了源语言的形式，从而完全传达了其要传达的信息，激发起消费者的购买欲望。再如，Head-Shoulders 不是译作“头发和肩膀”，而是译作“海飞丝”，从而表达了品牌洗发水具有令使用者头发轻盈、柔顺、丝滑之功效。还有Rejoice不是被直译为“欢庆、喜悦”而是结合产品特质译作“飘柔”,而“Safeguard”译作“舒肤佳”而不是“保卫”,因为前一种翻译完美地传达了本产品“令您的肌肤舒服健康”且隐含了“为您的健康保驾护航”这样的信息。

四、拼译法

拼译法是指用两个及两个以上英文词或词根、词缀诠释汉语商标词。拼译法既能最大限度减少语言障碍,又能吸收西方的长处,还保留了相当的自由创造空间,可以避免文化障碍,且能通过谐音手段在一定程度上体现、保留民族文化的特色。例如,陕西彩虹集团的商标Caihong更名为IRICO,而IRICO由IRIX加CORPORATION拼缀而成,IRIX是古希腊传说中专门传播美好消息的彩虹女神,含义隽永,具有鲜明的国际形象。

五、减音法

减音法,即把英文商标中过长的音删除的翻译方法。英文商标在译成中文后一般易采用两字或三字的形式,双音节符合中国人的审美习惯和时代的发展趋势;三字商标则多起源于中国传统的老字号,如“同仁堂”“全聚德”等。故把英文商标中过长的音删去是必要的,中文译名可将原名的多音节减为二字或三字商标。例如,McDonald's旧的音译是“麦克当劳”,就不如减音后的“麦当劳”上口。

六、增字法

增字法,即在译出主要音节后再加上与商品特征相符合的翻译方法。在译出原名的主要音节后,可根据需要加上符合商品特征或是关键意义的字，以突出产品的宣传性，吸引消费者。加字的一条原则是所加的字在意义和音色上要与原商标相称，否则就会画蛇添足，多而不当。例如，Colgate 译为“高露洁”，“洁”字体现了牙膏的清洁作用。

第五节　商标翻译的生态学视角探究

随着社会经济的发展和科技水平的提高，国内外商品的进出口及其经济文化交流日益频繁，商品商标名称的翻译也越来越受到重视，而其翻译方法和策略的研究也应不断丰富和发展。商标翻译要求译者不仅熟练掌握两种不同语言体系，同时熟悉两种不同民族文化的共性和个性，有效地传达出商标所蕴含的商品信息和商业价值，扩大商品的国内外影响力和品牌的知名度，扩大商品的销售和刺激消费者进行消费。

广告商标语的翻译不仅受到中英语言体系和表达习惯的影响，而且受到中西方文化差异、思维方式、审美差异、道德观、价值观等超语言因素的制约，在翻译过程中要兼顾以上诸因素，同时译文要符合广告文体的特点，不能单纯的望文生义，否则译文就会生硬死板，缺乏灵气，满足不了消费者的心理期待和对产品的向往，达不到广告的宣传目的，有时甚至适得其反，令消费者心生厌恶，导致产品不畅销，为企业带来经济损失。

第六章 应用文体翻译的生态学视角:旅游翻译

随着经济全球化的不断发展,我国与世界各国的经济、政治以及文化交流日益频繁,“一带一路”战略的实施不仅促进我国对外开放程度的加强,也带动了我国与世界各国旅游业的迅猛发展。在这一时代背景下,旅游英语翻译对于促进我国社会经济的发展和文化的对外传播起到日益重要的作用。与此同时,我国丰富的旅游资源和深厚的文化底蕴对于旅游英语翻译的发展又起着极大的促进作用。

旅游文体翻译依托丰富的自然资源和深厚的人文知识,与生态环境发生交互作用并受制于生态环境,从生态学视角解读旅游文体翻译具有更大的可行性。生态翻译学概念在中国最早由清华大学胡庚申教授倡导,其含义是以生态论的整体观为视角,以华夏生态智慧为依归,以自然选择原理为基石的一项探讨生态翻译、文本生态和“翻译群落”生态及其相互作用,相互关系的跨学科研究。生态翻译的基本原则——“多维整合”原则是指“在保持文本生态的基础上,为实现译文能在新的语言、文化、交际生态中‘生存’和‘长存’所追求的译文整合适应选择度”。所谓“整合适应选择度”,指译者产出译文时,在语言维、文化维、交际维等多维度的“选择性适应”和继而依此照顾到其他翻译生态环境因素的“适应性选择”程度的总和。

第一节 旅游文体的基本特征

灿烂的中国文化以其独特的魅力吸引着越来越多的外国人

到中国旅游，要想让外国人在有限的时间内尽可能地了解中国文化，或者在跨文化交际中实现不同语言之间的思想交流，面对种类繁多的旅游资料，需要用恰当的目的语把源语言的信息准确传达出来，以吸引外国游客前来游览观光并弘扬中华文化，因此旅游文体的翻译在促进跨文化交流方面起着至关重要的作用。旅游文体具有独特的语体特点，要求译者在翻译过程中遵循“功能对等”(functional equivalence)的原则。以生态翻译论的三维转换模式和整合性译论研究模式为基本范式和原则。通过分析旅游文本的基本特征，译者应充分发挥主观能动性以及在翻译过程中的主体作用，探究各生态因子与生态环境之间的关系，选择恰当的翻译策略，实现旅游文本信息的正确、有效传递，以实现其信息功能、美感功能、诱导功能和呼唤功能等。

旅游文本包罗万象，公示语、导游词、景点简介、旅游广告等都属于旅游文体，内容涉及地理、历史、宗教、文化、社会、建筑、艺术等众多社会生活领域，既体现出鲜明的实用性，又不乏文学文体的一些特征，语言风格多样，文体形式灵活。总体来说，旅游文体的基本特征包括以下几大方面。

一、散文体：辞藻华美，文采浓郁

汉语旅游景点的介绍显得“文采浓郁”一些，多仰仗辞藻的渲染而不是物象的明晰展示。由于历来受古典山水诗词及山水游记散文一类作品的影响，汉语景介的语言表达常常伴有大量的对偶平行结构和连珠四字句，以求行文工整，声律对仗，文意对比，达到音、形、意皆美，诗情画意盎然的效果。例如：

“进入山中，重峦叠嶂，古木参天；峰回路转，云断桥连；涧深谷幽，天光一线；灵猴嬉戏，琴蛙奏弹；奇花铺径，别有洞天。春季万物萌动，郁郁葱葱；夏季百花争艳，姹紫嫣红；秋季红叶满山，五彩缤纷；冬季银装素裹，白雪皑皑。”可见，汉语旅游文本讲究字格对仗、声律押韵、行文工整，使得整个文本气势磅礴，富于文采。

二、说明文体:语言质朴、客观简约

并非所有汉语旅游景介都是这种散文风格,也有不少说明类文体类型的。这类景介一般都文字简约,就事论事,信息型文本功能突出,不重情感诱导。例如:

武陵源风景名胜区位于湖南省张家界市。总面积 264 平方公里,由张家界国家森林公园,索溪峪和天子山等三大景区组成。主要景观为石英砂岩峰林地貌,境内共有 3 103 座奇峰,姿态万千,蔚为壮观。加之沟壑纵横,溪涧密布,森林茂密,人迹罕至,森林覆盖率 85%,植被覆盖率 99%,中高等植物 3 000 余种,乔木树种 700 余种,可供观赏园林花卉多达 450 种,陆生脊椎动物 50 科 116 种。

这则旅游景点介绍就明显带有说明文体的基本特征,用词客观、语言质朴、文字简约,突出旅游文本的信息性功能。

一般而言,英语旅游文体大多风格简约,结构严谨而不复杂,行文用字简洁明了,表达直观通俗,注重信息的准确性和语言的实用性,最忌啰唆堆砌。多数情况下,景物描写往往用客观的具象罗列来传达实实在在的景物之美,力求忠实再现自然,让读者有一个明确具体的印象。

三、旅游词汇专业性强

由于旅游文体涉及社会、政治、经济、文化、科学、艺术、建筑、宗教等社会生活的各个领域,其内容覆盖面广,术语专业性强,在翻译过程中如果对这些专业术语了解甚少,必然会对翻译结果造成直接影响,因此译者必须具备广博的知识,能够正确处理这类专业术语。例如,off-peak season(淡季),tour talker(自动导游磁带机),economy hotel(one-star hotel)(一星级饭店),some comfort hotel(two-star hotel)(二星级饭店),average hotel(three-star hotel)(三星级饭店),high comfort hotel(four-star hotel)(四星级饭店),deluxe hotel(five-star hotel)(五星级饭店),high season supplement(旺季附加费),package tour(包办旅游)。再如,建筑方面词汇:late-perpendicular architecture(晚期垂直风格建筑),Baroque(巴洛克风格),Rococo(洛可可式风格),Gothic(哥特式风格),Byzantine(拜占庭风格)。又如,宗教方面词汇:Buddhism(佛教),Taoism(道教),Islam(伊斯兰教),Christianity (基督教),Catholicism(天主教),Protestantism(基督新教),Orthodox (Eastern) Church(东正教),*the Bible*(《圣经》),Lamaism(喇嘛教),Buddhist scriptures(佛经统称),the Koran(古兰经),Sakyamuni(释迦牟尼),Buddha(佛陀),Dalai(达赖),Bodhisattva(菩萨),Bainqen(Panchen)(班禅),Allah(安拉、真主),God,the Lord(上帝),the Father(圣父),the Son(of God)(圣子),Jesus Christ(耶稣基督),the Holy Ghost,the Holy Spirit(圣灵),Muslim,Moslem(穆斯林),Protestant(新教徒、耶稣教徒),Buddhist monk(比丘),Buddhist nun(比丘尼),Living Buddha(活佛),lama(喇嘛),Taoist priest(道士),Taoist nun(道姑)等。

四、旅游文体包罗万象

旅游资源包罗万象、内容丰富,以旅游资源的客观描述和介绍为内容的旅游文本也非常广泛,包括民族习俗、自然风景、历史古迹、建筑艺术、诗词歌赋、宗教文化、民间传说等,如下面的例子:西安碑林艺术博物馆"昭陵六骏"展柜内的中文说明词中有这么一段:"…… 昭陵六骏是唐太宗李世民为纪念他征战时骑过的六匹骏马,在修建昭陵时诏令雕刻的。……其中'飒露紫'和'拳毛騧'(gua)二匹骏马1914年被美国人毕士博盗走,现存费城宾夕法尼亚大学博物馆。""飒露紫"和"拳毛騧"在我国历史上曾为平定战乱立下赫赫战功,石刻飒露紫为昭陵六骏之一,列于陵园祭坛西侧首位。"飒露紫"是李世民东征洛阳,铲平王世充势力时的坐骑。据《旧唐书·丘行恭传》(卷 59)记载，李世民与王世充在洛阳邙山的一次交战中，和随从将士失散，只有将军丘行恭一人紧随其后。突然，一条长堤横在面前，围追堵截的王世充骑兵又一箭射中战马“飒露紫”，在这危急关头，大将军丘行恭急转马头，向敌兵连射几箭，随即翻身下马，把自己的坐骑让与李世民，自己一手牵着受伤的“飒露紫”，一手持刀和李世民一起“巨跃大呼，斩数人，突阵而出，得入大军。”回到营地，丘行恭为“飒露紫”拔出胸前的箭之后，“飒露紫”就倒下去了。李世民为了表彰丘行恭拼死护驾的战功，特命将拔箭的情形刻于石屏上。石刻“飒露紫”正是捕捉了这一瞬间的情形，中箭后的“飒露紫”垂首偎人，眼神低沉，臀部稍微后坐，四肢略显无力，剧烈的疼痛使其全身颤栗。飒露紫为立姿，前面的武士是李世民部下大将丘行恭右手拔箭，左手抚摸御马，面部现疼爱之情。这种救护之情，真乃人马难分，情感深挚。李世民为其题赞文曰：“紫燕超跃，骨腾神骏，气訾三川，威凌八阵。”而昭陵六骏之“拳毛騧”是李世民武德四年十二月至次年三月平定河北，与刘黑闼(原窦建德部将)在洺水(即漳水，在今河北省曲周县境内)作战时所乘的一匹战马，黑嘴头，周身旋毛呈黄色，原名“洛仁騧”，是代州(今河北代县)刺史许洛仁在武牢关前进献给李世民的坐骑。许洛仁死后陪葬昭陵，其墓碑上就记载着武牢关进马之事(见《昭陵碑石》《许洛仁碑》，三秦出版社 1993 年版)。后人或因马周身旋毛卷曲，又称“拳毛騧”。

下面是一段有关杭州的景点介绍：“杭州是一座有悠久历史的文化名城。‘良渚文化’遗址即可证明，在五千多年前，这里已有人类繁衍生息。五代时的吴越国和南宋均曾在此建都，历时 237 年。现今的杭州，辖市内 8 个区，3 个市和 2 个县。”译文为“Hangzhou has long been known as a famous cultural city. The ancient Liangzhu Culture ruins were found in what is now Hangzhou. These archeological ruins date back to 2,000 B. C. when our ancestors already lived and multiplied here. Hangzhou also served as an imperial capital for 237 years—first as the capital of the State of Wuyue (907—978) during the Five Dynasties Period, and again as the capital of the Southern Song Dynasty (1127—1279). Now Hangzhou is the capital of Zhejiang Province with eight urban districts, three county-level cities and two counties under its jurisdiction."源语中也包含很多历史内涵丰富的术语名词，如"良渚文化"遗址、五代、吴越等，其在译文中也有相应的体现。因此，译者在翻译过程中，必须充分了解旅游文本中所包含的这些历史事件、历史文化背景和典故，对于这些背景知识的了解对准确翻译文本中的术语和提高翻译质量至关重要。

第二节　中西方语言文化差异与旅游翻译

一、中西方语言差异与旅游翻译

以语言为载体的翻译活动与文化之间存在密不可分的关系。英汉旅游文体在行文习惯方面有所不同。汉语散文体旅游景点简介讲究文采和辞藻，相对来说，汉语景介宣传语的文采气息更加浓郁些，大多都是凭借华丽辞藻、对仗等来实现渲染效果的。并且，汉语景介宣传语还在很大程度上受到我国古典诗词、游记类散文等文体的影响，从而出现了大量对偶平行结构以及四字格的小句，并通过工整的对仗，整齐的行文等来实现形象、生动的表达效果。相比之下，英语旅游文体大多显得风格简约质朴，结构严谨但不复杂，行文用字简约，突出所要宣传的事物主体。在很多情况下，英语旅游文本在进行景物描写的过程中往往用客观、具体的词汇（名词）罗列具体的景物，向游客传递真实的景物之美，为求忠实再现自然美，让读者有一个明确具体的印象。例如，下面这则关于自然风光的景点介绍："Tiny islands are strung around the edge of the peninsula like a pearl necklace. *Hunks of coral reef*,*coconut palms*,*and fine white sand*."该句可译为"座座岛屿玲珑小巧,紧密相连,像一串串珍珠缀成的项链,环绕着半岛边缘。岛上珊瑚礁红,椰树成片,沙滩如银,景色如诗如画。"全句突出 islands,coral reef,coconut palms,white sand 等构成海岛风光的基本要素,对景物直接罗列:"大片珊瑚礁、椰树、白色沙滩",将一副生动鲜活的海岛风光图的要素直接表现在文本中,读者无需经过揣摩和推敲自然而然在脑海中浮现出一幅风光旖旎的海岛风景图。再如,这则有关海港的景点描写"The harbor looked most beautiful in its semi-circle of hills and half-lights. The color of a pearl gray and a fairy texture… This Arctic scenery has a beauty which is the exact antithesis of the Christmas card of tradition. Soft,melting halftones. Nothing brittle of garish."可译为"只见海港环抱于半圆形小山丛中,朦朦胧胧,一片银灰,宛若仙境,煞是好看。……这北极地区景色之美,同传统的圣诞贺卡形成对照,它浓淡交融,光影柔和,清雅绝俗。"可见,这段北极地区特有的景点描写在英文源语表达和汉语译文表达上有很大差异,源语中虽不乏渲染之词,但表达依旧较为朴实,如 looked most beautiful,The color of a pearl gray and a fairy texture,the exact antithesis of the Christmas card of tradition,Soft,melting halftones,Nothing brittle of garish,从表达效果来看较汉语译文大为逊色,汉语译文措辞考究,辞藻华丽,借助汉语四字格结构的表达优势,如"朦朦胧胧,一片银灰,宛若仙境,煞是好看,浓淡交融,光影柔和,清雅绝俗",显得文采更为浓郁,气势更为磅礴。再看下面这段景物描写:

For me this landscape was always a magical prospect, the austere countryside stretching away with the sharp definition of an 18th-century aquatint across hill and woodland to Mt. Battie outlined against the horizon.

—*The Last Hill* by Francis Rusell

上述原文译为"我总觉得这儿的山野风光格外迷人,那乡间淳古浑朴的原野绵延伸展，跨过小山，越过森林，一路延伸到遥远地平线上赫然矗立的巴蒂山——好一副轮廓鲜明的18世纪铜版风景画！”可见，源语的景物描写主要借助形容词（如 magical，austere 等）、形合手段以及修辞手段等进行渲染，而汉语则通过四字格结构（如淳古浑朴、格外迷人、跨过小山、越过森林、赫然矗立等）、意合手段和修辞手段衬托景色的迷人，充分发挥汉语的表达优势，每一个措词都充分考虑到源语的神韵，排比句结构和四字格词的搭配使用将源语的“精、气、神”生动地呈现在游客面前，仿佛一幅绝美的风景画！

在旅游英语翻译过程中，每个景区自然也有其独一无二的历史文化内涵，不规范甚至是错误的旅游翻译会让景区的自然魅力和文化魅力大大下降，也因此会降低游客的游览兴致以及对中国文化的浓厚兴趣。下面以饮食文化为例分析文化因素对译文质量的影响。例如，我国北方著名的小吃——韭菜盒子，一些景点宣传就将其翻译成 chive box，很明显这是一种直译、死译的典型例子，字面意思是“装韭菜的大箱子”，游客很难将其与美味的小吃联系到一起，很难产生对该食品的美好联想和垂涎之感，而且韭菜盒子的合家团圆寓意就无法得到充分体现，该译文仅从语言维度对源语进行符号层面的转换，而忽略了该小吃象征合家团圆的丰富文化内涵，缺少文化维度的关照，因此是失败的译文。

同样，翻译人员在进行翻译时，不仅要对用词进行反复斟酌，而且要考虑到中西方文化的差异，具备文化差异转换意识。例如，西安某景区的景点宣传语就将“药王”孙思邈翻译成 drug king。众所周知，孙思邈被誉为我国古代的“药王”，“药王”是对他的个人成就的一种嘉奖，是一种荣誉称号。而在西方文化中，drug 一词给人的第一印象是“毒品”之意，与 king 连用直观的理解就是“大毒枭”的意思，把一个原本以“救死扶伤”为己任、为祖国医学事业发展做出卓越贡献的“药王”误解为罪恶的“大毒枭”，显然语言的感情色彩产生截然不同的效果，由褒义变为贬义，不但使译文信息产生错误的传递，而且使游客产生误解甚至费解。这种前后语义和感情色彩的矛盾显然是由于不了解中西方文化差异造成的，因此类似情况在翻译过程中译者应尽可能杜绝。

二、中西方文化差异与旅游文体翻译

中西文化差异存在于人类文明的任何阶段。每个民族、国家的文化都不同于另一个民族、国家的文化。中西文化之间的差别是显而易见的，它是翻译中的障碍和难题。要在两种语言之间进行翻译，除了通晓两种语言文字外，还必须了解两种文化，深刻理解两种文化之间的差异。

历史文化指的是由特定的历史发展进程和社会遗产的沉淀所形成的文化。历史文化的一个重要内容体现为历史典故，历史典故是民族历史文化中的瑰宝，它具有浓厚的民族色彩和鲜明的文化个性，蕴含着丰富的历史文化信息，最能体现不同历史文化内涵，最近浙江杭州恢复重建了万松书院，其主题讲的是梁山伯与祝英台的爱情故事，但这个旅游景点对外国游客却不好解释，因此，可以译成中国的罗密欧和朱丽叶读书的地方。

中华民族的美学思想浓缩了独特的社会历程和文化传统。中国的古典文学一贯强调神韵、格调、性灵、境界诸说，强调心境意绪的传达，喜欢借景抒情、遗形写神，主观色彩极浓，而西方民族在这方面则大相径庭，西方传统哲学强调分析型抽象理性思维，在主观与客观的物象关系上更多地强调的是摹仿和再现！宗教文化是人类文化的一个重要组成部分，它指的是由民族的宗教信仰、意识等所形成的文化，表现在不同民族在崇尚、禁忌等方面的文化差异。儒教、道教、佛教是中国的三大宗教，这三大宗教在中国民众之中有着深远的影响。在我国的传统文化中有道教的玉帝、佛教的阎王、有神话中的龙王等，而这些概念在欧美文化中并不存在。西方人大多信仰基督教，认为世界是上帝创造的，世上的一切都是按上帝的旨意安排的。外国游客来到中国肯定会参观佛教寺庙，他们感到好奇的是为什么一些寺庙进门左右两侧总有两个怒目金刚，为什么几乎所有的寺庙都有脚踏莲花的观世音，那尊笑口常开的弥勒佛又是何方神圣。这给我们如何翻译旅游资料提出了一个值得斟酌的问题。风俗习惯表现在一个民族的日常生活中，当中国游客游览黄山时，看到千奇百怪的松树时马上就会联想到松树的高贵品质，进而联想到人的毅力，持之以恒等；而一个外国游客恐怕就很难有这种联想。因此在进行旅游文本翻译时，译者应充分考虑这种文化差异引起的审美差异、思维差异等，为使西方游客获得相同的情感体验，就需要在翻译时加入某些特定词汇在中国文化中蕴含的特殊意义。

翻译中文化差异涉及的比较广，包括生活习惯、宗教信仰等，这些都在语言中有所体现。因此，翻译时要考虑到文化背景，适当加以注释和对语言的调整。例如，万里长城是我们中国人的骄傲，也是广为人知的世界奇迹，但是对于不了解中国文化的外国游客，很可能会理解成“the long wall”，显然这种译文只考虑到语言维度上的适应性选择，而忽略了“长城”的历史内涵和军事作用，存在源语内涵的缺失，是一种失败的译文，而如果译成“The Great Wall”不仅能体现万里长城的浩瀚气势，而且凸显出“长城”作为中华民族智慧结晶之伟大以及“长城”用来防御外敌入侵的伟大军事作用和历史内涵。这就是文化差异所导致的旅游翻译的不同。

综上所述，旅游英语翻译有自己的规则和原则，同时又根据不同国家的不同文化背景和文化差异有着不同的要求和准则，我们在做旅游英语翻译的时候要注意这些差异，遵循一些原则和翻译标准，使中国文化以及外国文化在旅游过程中被游客良好掌握。

第三节　生态翻译学视域下旅游文体翻译的三维转换问题

经济全球化的不断发展使我国的对外开放程度日益加深，对外贸易往来和经济文化交流日益频繁,我国与其他各国尤其是“一带一路”沿线国家的经济贸易往来和社会文化交流日趋频繁。因此,越来越多的国际友人纷纷来到中国旅游观光。这种旅游不仅意味着单纯地进行参观,更多的是接受我国上下五千年灿烂历史文化的熏陶。这就使得旅游英语翻译变得格外重要,翻译程度的高低,译文质量的优劣,直接影响着游客的情感体验和对中国的印象。因此,从生态翻译学研究视角学进行旅游英语翻译势在必行。

胡庚申说过,翻译学以语言信息转换为“己任”,以促进人类文化交流为“天职”,总体上属于人文科学;生态学是以人类及其所处生态环境的关系为研究对象,以构建整体、平衡、动态、和谐的环境为宗旨的学科,总体上属于自然科学。基于此,生态翻译学则可谓两者联姻的产物。生态翻译学是一门涉及面极广的交叉学科,是一种以生态学理论为依托的跨学科翻译理论,也是当今一种具有中国特色的翻译理论。本章以胡庚申提出的“翻译适应选择论”为理论依据和理论指导,同时结合生态翻译学的研究范式和理论视角,对旅游英语翻译及相关问题进行探究。

人类的翻译活动自身就是一个很大的生物圈,其产生和发展都受其周围环境的影响和制约。与此同时,翻译又有其自身的结构特点和演化规律,因而能在全球化这个大环境中得以生存和发展。翻译生态系统中,各种生态因子,如原作者、译者、读者、评论者、翻译市场以及翻译监督机制等,均构成相互联系,相互制约的有机生态系统并对译者的翻译行为产生影响。

例如,某度假村的旅游宣传语:“阳江温泉度假村座落于国家优秀旅游城市阳江市境内,扼粤西要冲,地理位置十分优越,交通便捷。门前359国道、开阳高速、阳湛高速沿海高速连接广东各地,广州至度假村仅两小时车程,深圳至度假村约3小时车程。”其译文如下:“Yangjiang Hot Spring Resort is situated in Yangjiang, an famous tourism city in China, acting as communication centre to western Guangdong with its advantageous geographical position and convenient transportation to add to its attraction. No. 325 national high way passes here right in front of the door to the resort, expressways Kaiyang, Yangzhang, and coastal expressway radiate from here to every quarter in Guangdong, 2 hours bus ride from Guangzhou and 3 hours from Shenzhen."译者考虑到源语的生态语境，将“扼粤西要冲”翻译为“acting as communication centre to western Guangdong”，并在翻译过程中充分考虑到汉语重“形合”而英语重“意合”的语言特点和表达习惯，采用多种形合手段，如同位语结构（an famous tourism city in China），现在分词作状语结构（acting as communication centre to western Guangdong），介词短语作状语结构（with its advantageous geographical position and convenient transportation），不定式结构作后置定语（to add to its attraction）等，使译文结构严谨、表达流畅、句式丰富、逻辑性强，非常符合西方读者的阅读习惯和思维方式，易于西方游客理解文本的内容。

旅游翻译与法律翻译、科技翻译、新闻翻译、商贸翻译等相比有截然不同的区别，它的功能重在“诱导”和“呼唤”旅游消费者，但旅游翻译同样有一个美学标准和文化观念的问题，同样需要译者具备完备的理论知识和翻译技巧，考虑文本的生态环境和功能特征并斟酌相应的翻译策略，在翻译过程中兼顾形式与内容、语言与生态环境之间的关系，并需要有丰富的文学积累、较高的文化素养和语言功底，才能实现译者的译文在语言维度、文化维度以及交际维度的适应性选择与转换。

一、语言维度旅游文体翻译的适应性选择转换

由于旅游业商品自身及其服务具有无形性的特点，在用另一种语言文本来替换源语文本的过程中，译者首先应寻求双文本的基本对等。例如，一些景点名称可采用文字符号层面对等进行语言维度的翻译，直译法、音译加注释法等均可行，注释是指增加的

部分是对字、词、句的字面意思的解释,如花港观鱼(Hua Gang Guan Yu) Viewing Fish at Flower Harbor,孤山(Gu shan) Solitary Hill,紫来洞(Zi lai Cave) Purple Source Cave,"西安古称长安",可译成"Xi'an was called Chang'an,or 'everlasting peace' in ancient times."天涯海角(海南岛著名的旅游景点)可译为"Tianya-Haijiao (the end of the earth and the edge of the sea)"以上译例的分析均基于文本的语言符号层面的对等,而严复的"信、达、雅"标准则是语言维度指导翻译活动的基本原则。这些译文均采用直译的方法或汉语拼音音译加注释的方法进行处理,尤其是注释的增补能够将旅游景点的文字意义进行解释,使外国游客不但了解景点的汉语表达,而且了解其英文意思,这种"中西合璧"的意译加注释法在旅游景点翻译中显得尤为必要,能够使"音"与"义"完美结合,给外国游客以更深刻的印象。

旅游英语翻译过程中,译者在语言维度由于缺少必要的语法知识和语篇关照,过度地扩充目的语某一规则的使用范围,常犯过度扩充语法功能的错误,这类错误最典型地表现在句子成分的残缺上。例如,可将"桂林地处华南亚热带,享有风光甲天下的美誉。"译为:Guilin in subtropical South China with the reputation of having the country's most beautiful scenery. 这一译例最大的规则错误是无述谓成分,句子结构存在杂糅、冗长、啰唆、不完整等问题。这些错误可能均受母族的语法体系的干扰,但主要是将介词、分词等非谓语动词成分的语法功能扩充成述谓所致,因此应改译为:Located in subtropical South China, Guilin enjoys the reputation of the country's most beautiful scenery.

二、文化维度旅游文体翻译的适应性选择转换

语言传递的信息包括三部分:语言因素、风格和文化因素,译文也要在这三个方面与原文对应。因此,译者应该以目标语的文化作为自己的立足点,以目标语读者为对象阐释源语,使读者在

看译文时能得到和源语读者相同的感受。也就是说，译者不仅要对原文作者负责，还要对译文读者负责。原文不是专门为外国人写的，而是为具有大致相同文化背景的本国人写的。原文读者一看便知的东西，译文读者可能完全不懂。所以，原文的信息量对于源语读者和目标语读者来说是不同的，对前者较多，对后者较少，甚至空缺。

在旅游景点的介绍中，文化信息量上的差别更大，这就需要译者多加以解释和增补，有时差别很大，译者必须重组原文。Ginty & Nida也曾在论著中探讨过信息度的问题。他们在书中提出，假如译者不向假想读者调整信息负荷量，接收者就有可能失去信息中一些关键因素，或者觉得译文太难懂而停止阅读，除非他们有很强的动机。所以，译者必须调整译文的信息量。因此，在旅游文体翻译过程中，译者应根据源语与译文的需要，适当增添或删减信息量，如遇到源语中一些特定的文化现象如历史事件的背景、成语典故、传说习俗等，则在翻译过程中有必要进行背景信息的增补；反之，如果在汉译英过程中，旅游景点介绍中出现过多的浮华辞藻、修辞成分或是诗词隽句等，但这些成分对于文本核心句式或核心思想的表达起不到太大的作用时，便可酌情进行综述或删减，使得英语译文句子结构明晰、逻辑关系分明、表达效果更为突出。

旅游英语翻译过程中，为了加强外国旅游者对我国民族文化的理解，使中外游客更直观、准确地进行语言和文字的交流与沟通，灵活运用各种翻译技巧，进行文字的转换与文化的播迁十分必要。例如，在翻译中国古代的成语故事“叶公好龙”时，可采取直译、加注和释义的方法，对其背景知识进行增补、解释以及扩充，避免损失成语的民族色彩、形象性和联想意义，可译为“Lord Ye's love of dragons(Lord Ye was so fond of dragons that he adorned his whole palace with drawing and carvings of them. But when a real dragon heard of his affection and paid him a visit, he was frightened out of his wits.)”这样一来，目的语读者便对这一成语故事的来历及其寓意有了更直观的了解,对于西方游客来说,能够增强景点的神秘色彩,令其更加神往。

由于旅游文体主要以描写和介绍一些名胜古迹和名山大川等为目的,旅游资料中不乏一些地理名词,在地名翻译中,补译、音译与意译相结合等方法较为理想,可增加对原文字面意思的解释与扩充。例如,我国著名的历史故事"昭君出塞"可译为"Wang Zhaojun's Tragic Marriage Mission to the North of the Great Wall"或"Wang Zhaojun's Marriage to the King of the Xiongnu",两种译法都采用了增补文化内涵的方法,如将"昭君出塞"的"塞"译为 the North of the Great Wall,外国人很容易理解这一地域名词,通过增补体现出"昭君出塞"这一历史事件在我国历史上的重要影响和历史意义。

增补是为了易于读者的理解而添加的相关知识和背景资料,对有关中国历史文化内涵的内容,译者有必要通过增加字、词、句等成分,对原文作进一步的解释和扩展,在译文中,对一些地名、人名、朝代名、佛名等,根据字面意思略加注释,则让人易于理解,并加深印象、增添乐趣。例如,我国历史上著名的开国皇帝——"秦始皇",可译为:Qin Shihuang, the first emperor in Chinese history who unified China in 221.通过对秦始皇的功勋进行增补,游客必然会加深对这一历史人物的印象。再如,历史典故"张骞出使西域"中的"西域",如果按字面意思直译为 the Western Regions,西方游客很容易误解为我国的西部地区,这种翻译显然扩大了历史名词的外延,译文的表述不够精准,而且有可能因为地理名词的敏感性及其误译导致不必要的国际纠纷,因此译者应本着实事求是的负责态度对这一地域名词进行增补译,译为"the Western Regions (a Han Dynasty term for the area west of Yumenguan Pass, including what is now Xinjiang Uygur Autonomous Region and parts of Central Asia)",这样,通过增补"汉代指玉门关以西地区,即今天新疆维吾尔自治区及中亚部分地区"等信息,使西方读者对"西域"有更深刻、更明确的理解,也使得旅游翻译更加严谨。

在译朝代名时，也有必要对该朝代的公元年份信息进行增补，以避免不谙中国朝代的外国旅游者望字兴叹。例如，“路左有一巨石，石上原有苏东坡手书‘云外流春’四个大字。”译为：“To its left is a rock formerly engraved with four big Chinese characters Yun Wai Liu Chun (Beyond clouds flows spring) hand-written by SU Dongpo (1037—1101), the most versatile poet of the Northern Song Dynasty (960—1127)。”译文增加了对苏东坡的说明“SU Dongpo (1037—1101), the most versatile poet of the Northern Song Dynasty (960—1127)”，较好地表达了原文想要表达的意图，对“云外流春”的解释有助于读者或游客对题词的理解，“云外流春”四个字具有较高的文物价值。

在旅游英语翻译中，既要准确传达原文中的信息，又要表现出原文的文化渊源与文化色彩。有时也要采取结构分析、文化迁移、信息重组等方法对译文加以梳理。例如，在介绍长江三峡的导游册中有这样一句“形如关云长的青龙偃月刀”；众所周知，在中国古典名著《三国演义》中，“青龙偃月刀”为关羽所使用的兵器，书中描述青龙偃月刀重八十二斤，又名冷艳锯，关羽用其斩杀了不少武将，所以后世也称青龙偃月刀为关刀。因为外国人根本不明白何谓“青龙偃月刀”，因此译者在翻译时可以用他们熟悉的事物作比拟，采用意译加注释的方法译作“Green Dragon crescent moon blade, which is shaped like the knife on Westerner's dinner table”，经过这种改译处理后，外国人便会一目了然，感觉亲切，容易产生心理上的共鸣。

三、交际维度旅游文体翻译的适应性选择转换

翻译的“功能理论”是指专注于文本与翻译的一种或多种功能的研究(“Functionalist” means focusing on function or functions of texts and translation—Nord, 2001) 功能翻译理论学派，

除翻译的"目的论"这一主导学派以外,还包括一批认同功能翻译理论以及受德国"目的论"启发的学者,包括英国学者 Peter Newmark、美国学者 Eugene A. Nida 和德国功能翻译学派先导人物 Reisse。1971 年出版《翻译批评的可能性与限制》(*Possibilities and Limitations in Translation Criticism*)一书中提出功能派理论思想雏形。Reisse 认为翻译应有具体的"翻译要求"(translation brief),有时因特殊需要,要求译文与原文具有不同功能;译者应该优先考虑译文的功能特征而非对等原则;赖斯将"语言功能'工具论'模式"("organon model" of Language functions)移植于翻译,提出了三大功能文本类型(text-type),即"信息型""表达型"和"诱导型/祈使型"。"目的论"(Skopos Theory)是德国功能派学者 Vermeer 和 Nord 等提出来的,它形成了功能翻译理论的主流;"目的论"(Skopos)这一术语本身的意义就是指"目的语文本的目的"(the term Skope usually refers to the purpose of the target text);翻译目的论认为,翻译是一种交际行为,翻译行为所要达到的目的决定整个翻译行为的过程,即"目的决定手段"(the translation purpose justifies the translation process … "the end justifies the means");在这一原则下,原文文本在翻译中只是起到"提供信息"(offer of information)的作用,为适应新的交际环境和译文读者的需求,更加有效实现译文的功能,译者在整个翻译过程中的参照系不应是"对等"理论所注重的原文,而应是译文在译语文化环境中所期待达到的一种或几种交际功能。对于呼唤型文本,由于其文本的"核心"是"读者层",因而文本作者的身份并不重要(since status of their authors is not important),重要的是信息的传递效果和读者的情感呼应,即读者效应,以"唤起"(calling upon)他们去行动(to act),去思考(to think),去感受(to feel),"按文本预想的方式做出反应"(react in the way intended by the text);译者必须顺从译文读者的欣赏习惯和心理感受,尽量使用他们所熟悉的语言表达形式,去获取译文预期的效果。在翻译过程中,译者可对原文采用"阐释"(explanation)而不是"复制”(reproduction)的方法。具体说来,译者有权对文本做“逻辑上的改进”(to correct or improve the logic),有权用“讲究的”(elegance)结构去替换“笨拙”的(clumsy)句法结构,可重组译文的语言结构,使译文地道流畅,明白易懂,加强译文的可读性(Newmark,1998)。

Vermeer提出的翻译目的论将翻译研究从原文中心论的束缚中摆脱了出来。他认为翻译是一种有目的性的活动,提出翻译的过程中要从目标读者的角度出发,根据译文的预期目的,达到要表达的效果。另外两个原则分别为连贯原则和忠实原则,从属于目的原则,要求翻译忠于原文,具备可读性,语义连贯,易于读者阅读理解。同时旅游英语翻译还要表达准确,通俗易懂,具有吸引力,有利于不同层面的外国游客的理解和接受。

在描述对等时,Nida提出了形式与动态对等,要求源语与译语不仅在词汇表达层面保持对等,还应在文化层面以及认知层面保持基本的对等。一个成功的译本必须抓住原文的意义而不是词语。也就是说,原文的符号、内涵、外延、所指等译出后,能使译文读者得到与原文读者大致相等的感受。在翻译过程中,译者力求做到吃透原文含义,紧扣原文,在不损害译入语习惯的前提下,进行功能对等的转换,争取达到形似神似,希望读者一看译文就能领略原文意蕴。译者应起到桥梁作用,一方面要对得起原作者,如实介绍,另一方面心中要有读者,既不能缺斤短两,糊弄读者,也不篡改原意,胡乱翻译。翻译的本质是传达意义,即用目标语把源语的内容准确、完整地体现出来。

旅游文本属“呼唤型”文本。旅游文本包括旅游景点介绍、旅游宣传广告、旅游告示标牌、民俗风情画册、古迹楹联解说等各方面的内容,而其中尤以景介翻译最具旅游文体特色,也是旅游翻译中的重点和难点;旅游文体的翻译,不但要传达源语信息,而且要注意它自身的特殊性。旅游资料的功能是通过对景点的介绍、宣传,扩展人们的知识,激发人们旅游、参观的兴趣。因此,旅游文体翻译的最终目的就是通过传递信息来吸引旅游者。翻译这类资料，译者要考虑到译语的可读性及读者的接受效果，因而译者的自由度相对较大。

中国人在描写事物或景物时擅于引经据典，喜欢引用名家名言或诗词隽句加以印证，中国读者读了会加深印象，并从中获得美的熏陶和艺术享受，然而对于外国人来说，反而画蛇添足。因此，在旅游文本翻译过程中，将一些华丽辞藻和冗余信息进行删减，滤掉中文资料中对译文理解没有帮助的信息，会使译文干净利落，明白晓畅，结构明晰，重点突出。例如，下面一段有关青岛的描写："烟水苍茫月色迷，渔舟晚泊栈桥西。乘凉每至黄昏后，人依栏杆水拍堤。这是古人赞美青岛海滨的诗句。青岛是一座风光秀丽的海滨城市，夏无酷暑，冬无严寒。西起胶州湾入海处的团岛，东至崂山风景区的下清宫，绵延 80 多华里的海滨组成了一幅绚烂多彩的长轴画卷。"其译文为："Qingdao is a beautiful coastal city. It is not hot in summer and not cold in winter. The 40-km-long scenic line begins from Tuan Island at the west end to Xiaqing Gong of Mount Lao at the east end."

考虑到旅游文体的交际功能和信息传递功能，译者把源语中晦涩难懂的古诗词进行删减，并确保不影响译文读者对原文的理解，而译文中的第一句却正是对前面古诗简洁的概括，因此经处理后的译文句式严谨、语言凝练，能够突出原作者的表达意图和旅游文本的交际功能，易于被西方游客所接受。

第四节 生态翻译学视域下旅游文体翻译的基本策略

旅游文本的翻译目的在于充分展现大自然的美景、吸引游客观光、促进旅游事业发展并传播中华文化，这要求译者具备极强的汉语文化素养和英语翻译能力，如果译者缺乏跨文化交际意识，在翻译过程中未能适应翻译生态环境，用词不当或文化错位，则会造成一些语言信息、文化信息以及源语交际意图的错误传递，导致旅游文本翻译出现问题，无法实现旅游文本应有的交际功能。这就需要译者遵循“功能对等”(functional equivalence)的原则，在旅游文体翻译过程中，对于一些文化缺失和文化空位现象，采用增译法进行有效的信息补偿；在翻译实践中，译者可根据实际需要，运用适当的手法，如释义法、增补法、类比法、删减法、再造法等对译文进行适度调整，以确保译文通顺达意，更好地发挥旅游文本的交际功能。以下是几种常用的使用增补法进行旅游信息补偿和完善旅游文本交际功能的翻译途径。

一、语法性增译法

汉语是重意合(parataxis)的语言，而英语是重形合(hypotaxis)的语言，在旅游资料翻译中，有必要通过增词的方法将英语屈折形式所包含的语法意义表达出来，如“A stream was winding its ways through the valley into the river.”由于英语中没有量词，汉译时就得根据汉语的表达习惯增加合适的量词，译为“一弯溪水蜿蜒流过山谷，汇到江里去了。”再如，“The sky is clear blue now the sun has flung diamonds down on meadow and bank and wood.”译为“此时已是万里蓝天，太阳把颗颗光彩夺目的钻石撒向草原，撒向河岸，撒向树林。”此句充分考虑到译语擅用动词的表达习惯，增加合适的动词、形容词或者副词，如“万里”“颗颗”“光彩夺目”，并使用重复的手段连续使用三个“撒向”，使译文节奏明快，气势恢宏、语义明确并充满诗情画意。

二、目标性增译法

针对不同的目标读者，有必要增添相应的文化信息，使原文的文化信息与译文的文化信息对等，最终使原文的读者反应与译文的读者反应对等。例如，下面这则有关故宫的景点介绍“故宫耗时 14 年，整个工程于 1420 年结束。”译文 1 为“The construction of the Forbidden City took 14 years, and was finished in 1420, 72 years before Christopher Columbus discovered the New World."译文 2 为"The construction of the Forbidden City took 14 years, and was finished in 1420. years before Shakespeare was born."以上两例中,译文 1 考虑到目标读者的生态文化环境,针对北美市场的游客群体,在翻译时采用增补法进行翻译,用"72 years before Christopher Columbus discovered the New World"对 1420 年进行信息补偿,使西方游客读来亲切自然,并对此年代有感性认识,在心理上获得认同感。而译文 2 是针对欧洲市场群体而译的,因此增补了欧洲人熟悉的 years before Shakespeare was born 这一年代背景,使欧洲游客获得感性认识。因此,根据旅游资料针对的不同目标对象,译者在翻译过程中应适当增添相应的文化信息,使外国游客将他们陌生的中国历史与所熟悉的本国历史联系起来,以使其对旅游景点产生深刻的印象。

三、注释性增译法

双语翻译会因为不同国家的文化差异而造成翻译难题,对原文中一些带有源语文化色彩和历史背景的重要信息,需要进行适当阐释来加以说明。例如,苏东坡手书"云外流春"音译与加注意译为"Yun Wai Liu Chun (beyond clouds flows spring) written by Su Dongpo. (1037—1101), the most versatile poet of the Northern Song Dynasty. (960—1127)"通过对"云外流春"这一题字的释义进行增补,使西方游客明白了其字面意思"beyond clouds flows spring",增强了对中国文化的进一步了解,否则如果仅采用音译法,必然会使西方游客一头雾水,不了解苏东坡手书的真正意境。

四、修辞性增译法

译者为了使译文更加流畅、通顺、优美、自如,需要对句子结构的构建以及措辞进行再三斟酌。例如,“*Though filled with an astonishing array of geologic wonders*:geysers,hot springs,fumaroles,canyons,waterfalls,Yellowstone…”斜体部分翻译成“充满了大批令人惊异的地理奇观”,这样的翻译过于生硬,没有表达出原文的内涵,从 filled with an astonishing array 可以看出 geologic wonders 非同一般,而是达到了令人惊叹的程度,结合上下文的语义及语境,需要添加新词才能准确、充分地表达原意,因此改为“黄石公园内奇观比比皆是(充满了大批令人惊异的地理奇观),间歇泉、温泉、喷气孔四处可见,更有高峡深谷,飞瀑流泉,令人叹为观止。”这样更符合汉语的审美趣味和表达习惯,使黄石公园成为中国游客神往之地。

五、类比或转译法

为使旅游信息在西方游客中产生相同的反响或共鸣,译者往往采用“以此比彼”的方法拉近读者与中国文化的距离,使他们产生亲近感,激发他们的旅游兴致。因此,旅游文本翻译中还常常使用类比法或转译法等,译者可以把中文资料中有关的内容转化为外国游客所熟悉的同类或同时期的内容。例如,将民间传说中的“梁山伯与祝英台”转换为西方人熟知的 Romeo and Juliet;亦可把外国资料中的内容转译为中国游客所熟悉的东西。例如,美国亚洲旅行社的旅游资料中也把威尼斯比作中国的苏州;郑州在其交通位置上可以比作美国的芝加哥(Chicago in America),这样可以简洁而较为准确地介绍人物或景点,既节省笔墨,又使读者在自己的文化基础上理解异国文化,加深对旅游景点的印象。又如,“鱼米之乡”可译为 land of milk and honey(出自《圣经》),“苏堤”可译为 lover's lane,因为现在杭州西湖的苏堤,在晚上已成为恋人幽会的地方。采取这样的类比手法能使外国人将他们陌生的中国历史年代与他们熟悉的历史或人物所处的年代联系起来,给他们留下深刻的印象。

中国要实现在2020年成为世界第一大旅游目的地国家的目标,切不可忽视旅游宣传的作用。旅游英语翻译要顾及译文读者的文化心理和审美情趣,注重语言文化上的差异,译者应根据实际情况或采取适当的翻译策略对原文作适当调整,以弥补文化差异造成的文化缺失,唤起外国游客心中的美感和对景点的向往。旅游文本翻译得当有助于西方游客领略华夏千古文明的醇厚魅力,否则便会破坏游客的兴致,影响我国旅游事业的发展和我国的国际形象。因此,在进行旅游文体翻译时,译者应从翻译生态学的系统论和整体观视角出发,从语言维度、文化维度以及交际维度三元层面去考察翻译活动,将旅游英语翻译与生态翻译学的研究维度有机整合。旅游英语翻译的水平对我国优秀民族历史文化的传播产生重要影响。提高旅游英语翻译质量能使我国更好地融入国际化语境,更好地促进中华文明和优秀文化向世界的传播,从而促进我国旅游业更快更好地发展。

第七章 应用文体翻译的生态学视角:科技翻译

科技应用文体的翻译领域较为宽广,有关科学著作、论文、研究与实验报告和方案、各类科技情报和文字资料、科技实用手段的结构说明和操作说明等方面的资料均属科技文体。科技文体着重记载、解说科技事实、知识,具有独特的语言特色和行文风格。常见的科技文类包括科学普及读物、产品规格书、操作程序指引、说明书、教科书、科学报告等;由于英汉两种语言体系之间在语言、文化、交际意图、语用功能等方面存在很大差异,因此在翻译科技文献时译者有必要了解两种语言的构句特点、文化差异并具备跨文化转换意识,根据科技文体的基本特征和翻译要求,在翻译生态环境中做出选择性适应与适应性选择,从语言、文化、交际等多元维度对翻译活动进行考察,力求获得整合适应选择度最高的译文。

第一节 英汉语言对比差异与科技英语翻译

语言是思维的符号,是文化的载体,是人类进行交际的基本工具;世界上的语言既存在共同点又有各自的差异性,从语言的起源和产生的规律来说,英汉两种语言都具有人类语言的共同特征;从语言与逻辑思维的关系来说,英汉两种语言的语序都符合人类逻辑思维的自然顺序;从语言的基本类型来说,英汉两种语言基本同属分析性语言,其词形的变化都比较少。但在语系的分属上和文化方面,英汉两种语言又存在较大差异,英语和汉语在语源上分属不同的语系：汉语属于汉藏语系（汉台小语系），而英语属于印欧语系（西日耳曼小语群），而且由于历史发展和思维模式的差异，英汉两种语言在文化方面也存在很大差异，具体来说主要表现为词义方面的文化差异、语法层面的文化差异以及语篇的文化差异。

一、在表达方式和语言习惯上存在着差异

就科技文体而言，英语与汉语在表意的手段上有很大差异，如汉语一般采用形容词作定语来修饰中心名词，而英语不仅仅使用形容词作前置定语，还可采用不定式作定语、现在分词作定语、过去分词作定语等后置修饰语形式对中心词进行修饰和限定。例如，radio telescopes to be used，modified processing，data to be checked，confusing signals，applied voltage 等。这些表达形式不仅起到名词修饰语的作用，而且包含时态和语态等含义，如不定式结构作定语可表将来时，过去分词作定语可表被动关系，现在分词作定语可表主动进行体等。

二、在词义的塑性上的差异

汉语和英语虽属不同语系，却都拥有丰富的词汇量。汉字的表意能力及组合能力很强，英语从拉丁语、古法语及其他语言中吸收了大量的词汇，它们都是词汇量非常丰富的语言，有着大量的对应词语。这是汉英翻译的语言基础。这类英汉词语多为专有名词、术语或普通名词，其数量极为有限。而有些英汉语词语在词义上只是部分对应。它们的意义范围有广狭之分、抽象与具体之分、一般与个别之分。例如，body 在一般语境中译为“身体”，而在科技文体中则译为“物体”；matter 在一般语境下译为“问题、事情”，而在科技语境下则译为“物质”；productivity 在一般语境下译为“生产力”，而在科技语境下则译为“能产性”；setting 一词

的塑性更强，通常情况下译为“场合、背景”，而在科技文体的生态语境中，其含义得到拓展和延伸，如 the setting of a jewel 译为“镶嵌珠宝的底座”，setting chamber 译为“沉淀室”，setting accetera-tor 译为“促凝剂”，setting accuracy 译为“定位、调整、对准、瞄准精度”，setting dies 译为“可调冲模”，setting gauge 译为“定位(量)规，校正(量)规”，setting mark 译为“定位符号分度线”，在句子“This machine has two settings: fast and slow.”中，settings 是指可调速度，因此该句可译为“这种机器有两种可调的速度：快速和慢速。”由此可见，在科技语境中，英语较之汉语具有更强的塑性。

三、在词类使用的习惯上的差异

英语和汉语的词类都比较丰富，划分类别也大致相同，如两种语言都有名词、动词、形容词、副词等实义词，也包括介词、连词、感叹词、数词、量词(英语中为单位词)、代词等；英语属于屈折语言，即词的时态、语态、数的变化、级别的变化等都要通过在词首或词尾添加前缀或后缀等方式进行构词，以完成特定的语法功能或句法功能，如形容词变比较级或最高级需在词尾加-er 或-est，名词变复数需在词尾加-s 或-es，动词变过去式需在词尾加-ed 等，而汉语则无此屈折变化，亦不可以通过在词尾添加词缀等方式进行构词，而需通过追加定语、状语或其他修饰成分来实现词类的转换。

在词类规则方面，英语和汉语也存在差异，英汉两种语言在词的分类方面不同，词的兼类情况不同，词类的句法功能也不同，如表示“惊吓”，从汉语角度来看这个词归属形容词类，而英语中可衍生出不同的词性，其用法也灵活多变，如在句子“I got a fright.”中为名词用法，在“She frightened me.”中属于动词用法，在“It was a frightful lightning.”中是形容词用法，而在句子“It was frightfully dangerous.”中，则是副词用法；“惊吓”一词由词根 fright 衍生出不同的词性和用法,如动词 frighten,形容词 frightful 和副词 frightfully。再来看汉语的词类变化和构句特点:“俭朴的生活陪伴了他一生。”“当地人简朴地生活着。”“俭朴是劳动人民的美德。”“提倡俭朴,反对浪费。”以上四个句子中,“简朴”一词的词性发生了变化,但该词的词形本身不发生变化,而是借助于语境和助词(如的、地)实现词性的转变,行使句子功能。

在科技文体中,词类的转换也非常常见。例如,“电子计算机的控制单元使机器按人的意志运转。”在这个句子中,“电子计算机的控制单元”构成句子的主语,而“电子计算机的”作定语修饰“控制单元”,汉语的定语原则上是前置的,而译成英文后“The control unit of an electronic computer causes the machine to operate according to man's wish. ”主语部分则表达为“The control unit of an electronic computer”,of 短语部分作后置定语来修饰核心词 The control unit,可见英汉语言在定语表达方式上存在差异;此外,还可以通过现在分词作后置定语、过去分词作后置定语以及不定式结构作后置定语等方式对中心词进行修饰。

科技文体中,英语与汉语在代词的使用问题上也存在差异。例如,“As soon as a positive charge approaches an electron, it combines with the latter. ”译文为:“正电荷一接触到电子,便马上与其结合。”在代词的使用方面,英语习惯于在首次提及事物时使用其名词形式,而在下文中再次提及时往往使用代词形式,但汉语中为了构句需要,往往再次提及该事物时将指代省略,采用意合的构句方式,使语言凝练顺达。再如“Different metals differ in their conductivity. ”(不同的金属具有不同的导电性。)虽说原句理解为“不同的金属在导电性能方面存在差异”在汉语中行得通,但转换为英语表述时,代词 their 就不可以省略了。

四、在定语的构成及其置式问题上的差异

前文提到过,英语和汉语在定语表述方面也存在差异,汉语

中，定语成分一般均由形容词充当，而英语语言中，能够充当定语成分的词汇或表达方式特别多，如名词可以作定语修饰中心词，形容词、数词、现在分词、过去分词、介词短语、不定式结构甚至从句（如定语从句）都可以用作定语来修饰中心词，而且这些成分在修饰位置上也比较灵活，可以放在被修饰词前面，也可以后置进行修饰。相对而言，汉语的定语成分在构成及置式方面缺少灵活性。例如，“The overhead wires hang from huge porcelain insulators, which are concertina-shaped in order to reduce the effects of dirt and damp in causing leakage of electric current.”可译为“架空输电线悬挂在为防止泄漏的影响而做成手风琴形状的巨大瓷质绝缘子上。”也可译为“架空输电线悬挂在巨大瓷质绝缘子上，绝缘子为手风琴形，以减少脏污和湿气对其造成电流泄漏的影响。”无论哪种译法，都可以发现，汉语的定语成分无论有多少，一般均采用前置方式进行修饰，而英语的定语位置则比较灵活，本句中将繁多的名词修饰成分通过 which are concertina-shaped in order to reduce the effects of dirt and damp in causing leakage of electric current 这个非限定性定语从句进行综合，对中心词（即先行词）加以修饰，使得句子主干尤为分明。

五、在复句结构方面的差异

英语复合句分为并列复合句和主从复合句两种。汉语复句主要分为联合复句，偏正复句，多重复句和紧缩复句四种。汉语中没有相当于英语中带名词性从句、定语从句、时间状语从句、地点状语从句和方式状语从句等这样一类从句的复句。在科技文体中，复句出现的频率也比较高，往往对读者和译者造成理解上的困难，因此有必要掌握复句的分析方法，在必要的情况下先对句子进行逻辑分析，理清句子的主要信息和次要信心，做好逻辑分析之后，再进行翻译。例如，“It is rather for us to be here dedicated to the great task remaining before us—that from these honored dead we take increased devotion to that cause for which they gave the last full measure of devotion—that we here highly resolve that these dead shall not have died in vain—that this nation, under God, shall have a new birth of freedom—and government of the people, by the people, for the people, shall not perish from the earth.”

在这个长复杂句中，第一个分句，即 It is rather for us to be here dedicated to the great task remaining before us，为句子的主干，破折号后面紧跟四个同位语从句，即—that from these honored dead we take increased devotion…，—that we here highly resolve that…，—that this nation, under God, shall have a new birth …，—and government of the people, by the people, for the people, shall not perish…，而第一个和第二个同位语从句内部又包含嵌套关系，即定语从句…that cause for which they gave the last full measure of devotion…，和宾语从句…resolve that these dead shall not have died in vain，经过对原句的语法结构进行逻辑分析和梳理，源语作者的表达意图便跃然纸上，译者不必费周折就可以将原句的逻辑关系理清理顺，也为译文的质量提供保障。

第二节　科技文体的基本特征

科技英语与非科技英语文体，如散文、诗歌、小说以及旅游、影视、新闻等文体相比，具有专业术语多、复杂长句多、被动句式多、词性转移多、非谓语动词多、专业性强等特点。总体来看，科技文体具有无人称句式多（Impersonal）、语气正式（Formal in Mode of Speech）、陈述客观准确（Objective and Accurate in Statement）、语言规范（Standard in Language）、文体质朴（Undecorated in Stylistics）、逻辑性强（Strict in Logic）、专业术语性强（Concentrated in Technical Terms）等几方面的基本特征。

一、大量使用专业术语

科技文体中经常出现晦涩难懂的科技专业术语，而这些术语往往在文本中起到核心词的作用，一旦不理解或是误解极易造成科技文献阅读的受阻甚至失败。在科技翻译过程中，专业术语也起到举足轻重的作用，正确理解并解释这些术语有助于译者翻译活动的顺利进行。科技词汇主要由三种基本类型组成，一是通用科技术语，即被赋予新义的常用词汇，如 carrier 一词的基本意思是由 carry＋er 构成的，表示“搬运工”，但在科技文体语境下，可以表示军事上的“航母”、计算机方面的“媒体”、机床方面的“刀架”、航空航天领域的“载波”、医学领域的“带菌体”、无线电领域的“运载火箭”、半导体领域的“载流子”等；二是纯科技术语，即由希腊语、拉丁语等外来语借用或演变而来的专业词汇，如 photosynthesis（光合作用），neopinephine（新肾上腺素），seismograph（地震仪）等；三是衍生科技术语，即随着社会经济的发展而衍生出来的新造词，如 hydrodynamics（流体动力学或水动力学），anticatalyst（反催化剂），semiconductor（半导体）等。来看下面这个例子，“Parts may also be joined by welding，brazing or clipping together.”这个科技文体的句子虽短，但包含了四个专业术语，分别为 parts，welding，brazing，clipping，这四个名词（动名词）构成源语的生态语境，如将这四个词拆开来看，可直接译为“部分”“焊接”“制铜”和“剪切”，它们之间的语义是孤立的，没有必然的逻辑联系，但如果放到一起综合考察，会发现这四个词其实提供了一种科技文体的语境，因此应将该句译为“可以用熔焊、铜焊或者剪切的方式将零部件连接起来。”这样一来，语义就更加明晰了，易于读者理解。

二、频繁使用复合词与缩略词

在科技文献中，容易出现大量复合词与缩略词，这是科技文体的一大词汇特点,而且复合词已从过去的双词组合发展到多词组合。例如,full-enclosed 全封闭的(双词合成形容词),feed-back 反馈(双词合成名词),work-harden 加工硬化(双词合成词),criss-cross 交叉着(双词合成副词),on-and-off-the-road 路面越野两用的(多词合成形容词),anti-armoured-fighting-vehicle-missile 反装甲车导弹(多词合成名词),radiophotography 无线电传真(无连字符复合词),colorimeter 色度计(无连字符复合词);而缩略词趋向于任意构词。某些情况下,一篇科技文体的文章中,其作者往往可就该文中使用频繁的术语进行缩略,构成临时性缩略词,这给翻译工作带来一定的困难。例如,maths (mathematics)数学(裁减式缩略词),lab (laboratory)实验室,ft (foot/feet)英尺,cpd (compound)化合物,FM(frequency modulation)调频(用首字母组成的缩略词),P. S. I. (pounds per square inch)磅/英寸,SCR (silicon controlled rectifier)可控硅整流器,TELESAT(telecommunications satellite)通信卫星(混成法构成的缩略词)等。

根据上述的科技文章的构词特点,在翻译过程中就要注意各种不同的翻译技巧与方法。这就要求译者了解科技文本的生态环境,尤其是文本内部的语言环境和上下文语篇语境进行揣摩和推敲,必要时要借助专门的科技术语词典进行翻译。

三、频繁使用非谓语动词

科技文体的基本特征之一是非谓语动词使用较多,因为科技文体要求行文简练,结构紧凑,为此常用分词短语代替定语从句或状语从句。例如,"Fasteners" is a general term including such widely separated and varied materials as nails, screws, nuts and bolts, locknuts and washers, retaining rings, rivets, and adhesives, etc. "结合件"是一个通用术语,它包括这样一些有很大区别的、多种多样的部件,如钉子、螺钉、螺帽和螺栓、缩紧螺栓和垫圈、挡圈、铆钉和粘合剂等。此处 is 用的是现在时态,直译成

"是",非谓语动词 including 分词作修饰成分,修饰 term,此样例子在做英译汉的时候比比皆是。

科技文章要求行文简练,结构严谨,因此往往使用分词短语代替定语从句或状语从句;使用分词独立结构代替状语从句或并列分句;使用不定式短语代替各种从句;使用"介词+动名词短语"代替定语从句或状语从句。例如,"A direct current is a current flowing always in the same direction."(直流电是一种总是沿同一方向流动的电流。)句中使用现在分词短语 flowing always in the same direction 来修饰 current(电流);"A body can move uniformly and in a straight line, there being no cause to change that motion."(如果没有改变物体运动的原因,那么物体将做匀速直线运动。)该句使用了 there being no cause to change that motion 这一存在句式的独立主格结构形式来修饰 body(物体),使句子结构得以简化,主次分明;"Vibrating objects produce sound waves, each vibration producing one sound wave."(振动着的物体产生声波,每一次振动产生一个声波。)这句中同样使用 each vibration producing one sound wave 这一无谓语动词的独立主格结构进行修饰,因此这种简化句子结构,浓缩句式表达,使句子体现出科技文体严谨的构句特点,令读者印象深刻。

四、大量使用名词化结构

科技英语文体的另一大特点就是大量使用名词化短语,《当代英语语法》(*A Grammar of Contemporary*)在论述科技英语时提出,大量使用名词化结构(nominalization)是科技英语的特点之一。因为科技文体要求行文简洁、表达客观、内容确切、信息量大、强调存在的事实而非某一行为。例如,"Television is the transmission and reception of images of images of moving objects by radio waves."译为"电视通过无线电波发射和接受活动物体的图像。"该句中使用名词化结构 the transmission and reception of moving objects by radio waves 以强调客观事实，而谓语动词则着重其发射和接受的能力。再如，“Archimeds first discovered the principle of displacement of water by solid bodies.”译为“阿基米德最先发现固体排水的原理。”句中 of displacement of water by solid bodies 系 to displace water by solid bodies 的名词化表达结构，一方面简化了同位语从句，另一方面突出强调 displacement 这一事实。又如，“The rotation of the earth on its own axis causes the change from day to night.”译为“地球绕轴自转，引起昼夜的变化。”译文使用了 the earth rotates 的名词化结构 the rotation of the earth on its own axis，使复合句简化成简单句，而且使表达的概念更加确切严密。

再来看一则例子“If you use firebricks round the walls of the boiler，the heat loss can be considerably reduced.”译为“炉壁采用耐火砖可大大降低热耗。”同样地，原文使用名词化短语 the heat loss 来表达动宾结构 lose heat 的含义，使句子结构表达严谨凝练。

五、无人称句式较多

科技英语文体中无人称句式使用较多，这主要是由于科技文章做描述和讨论的是科学发现和科技事实，无人称句式的大量使用凸显出科学研究不以人的意志为转移的客观性和科学性。但无人称结构的使用并非绝对的，如科学家一般不说“We call these supports bearing”而是说“These supports are called bearings”。再如，“It seems that these two branches of science are mutually dependent and interacting.”可译为“看来这两个科学分支是相互依存，相互作用的。”该句使用 it 作形式主语，突出句子表达的是主题而非施事主体，符合科技文体强调客观性的文体特点。

六、广泛使用被动语句

科技人员在从事研究和解决科技问题时重视事物本身的客

观规律、事实、方法、性能和特征，在讨论科技问题时力求客观公正而准确的陈述，因此在科技文献中通常以非人称的语气做客观的叙述，从而较多使用被动句。科技文章侧重叙事推理，强调客观准确，根据英国利兹大学 John Swales 的统计，科技英语中的谓语至少三分之一是被动态；第一、二人称使用过多，会造成主观臆断的印象，因此尽量使用第三人称叙述，采用被动语态。例如，"Attention must be paid to the working temperature of the machine."可以译为"应当注意机器的工作温度。"而很少表达为"You must pay attention to the working temperature of the machine."即"你们必须注意机器的工作温度。"试分析下面一则科技文体的主语，虽然主语可以为泛指人称代词如 we，you 等，但绝大多数情况都避免使用类似的人称主语而采用物称或话题主语，如"Electrical energy can be stored in two metal plates separated by an insulating medium. Such a device is called a capacitor, or a condenser, and its ability to store electrical energy capacitance. It is measured in farads."其译文为"电能可储存在由一绝缘介质隔开的两块金属极板内。这样的装置称之为电容器，其储存电能的能力称为电容。电容的测量单位是法拉。"这一段短文中各句的主语分别为：Electrical energy, Such a device, Its ability to store electrical energy 和代词 It（指代 capacitance），这些主语均包含较多的信息，并且处于句首的位置，非常醒目。四个主语完全不同，避免了单调重复，前后连贯，自然流畅，足见被动结构可起到简洁客观的表达效果。全句使用被动语态的表达方式对"电能"这一科技术语进行界定，译文突出该概念的严谨性与客观性。

此外，如前所述，科技文章将主要信息前置，放在主语部分，这也是广泛使用被动态的主要原因。例如，"The length of the polymer chain is specified by the number of repeat units in the chain. This is called the degree of polymerization. Unlike many products whose structure and reactions were well known before their industrial application, some polymers were produced on an industrial scale long before their chemistry or physics was studied."这段话中连续使用"The length of the polymer chain is specified""This is called""structure and reactions were well known""some polymers were produced""their chemistry or physics was studied"五处被动语态，突出陈述客体的地位，使表述科学客观。

七、经常使用非限定动词

由于科技文章要求行文简练，结构紧凑，为此往往使用分词短语代替定语从句或状语从句；使用分词独立结构代替状语从句或并列分句；使用不定式短语代替各种从句；介词＋动名词短语代替定语从句或状语从句。这样可缩短句子，又比较醒目。例如，"Radiating from the earth, heat causes air currents to rise."译为"热量由地球辐射出来时，使得气流上升。"现在分词短语 Radiating 用作状语修饰整个句子，使句子结构严谨，突显出科技文体的基本特点。

八、习惯使用后置定语

科技文章的常用句子结构形式有：介词短语后置、形容词及形容词短语后置、副词后置、定语从句后置。例如，"In small and medium-sized companies, the safety manager and the safety representative often have other duties besides their health and safety tasks."用介词短语 besides their health and safety tasks 作后置定语限定和修饰 duties，避免了使用分句造成的句式结构拖沓繁杂和主次不分明。再如，"The efforts necessary to assure that sufficient emphasis is placed on system safety are often organized into formal programs."该句中使用"形容词短语 necessary to assure ＋ that 宾语从句"的后置结构使整个句子表达科学严谨、逻辑性强。

九、复杂长句使用较多

为了表达一个复杂概念，使之逻辑严密，科技文章中常常出现许多长句。例如，"One comprehensive definition for an organizational culture has been presented by Schein who has said that organizational culture is 'a pattern of basic assumptions—invented, discovered, or developed by a given group as it learns to cope with its problems of external adaptation and internal integration—that has worked well enough to be considered valid and, therefore, to be taught to new members as the correct way to perceive, think, and feel in relation to those problems'."整个句子的主干其实非常简单，即 One comprehensive definition has been presented 这一被动结构，而句子的详细内容则通过各种形式和手段加以整合，如使用介词 for, by, of, with, in，关系代词 who, that, as，分词短语 invented, discovered, developed，不定式结构 to cope with, to perceive, think, and feel 等，使得该长句内容完整详实，表述准确严谨。

再如"Configurational isomerism is then due to the presence in the molecule of one or more dissymmetric centers, in the simplest case asymmetric carbon atoms, each of which can have (R) and (S) absolute configuration; and, or, to the presence of double blonds which can the presence of double blonds which can give cis-and trans-geometrical isomers."这个长句的表达特点依然是将句子的主干信息置于句首，即 Configurational isomerism is then due to the presence，其他的次要信息通过 which 引导的定语从句等进行附加，使整个句子表达非常严谨，逻辑清晰，主次分明。

十、常使用省略句式

科技文体中复杂句式较多，根据从句类型分，可分为定语从句、状语从句、主语从句、宾语从句、表语从句、同位语从句等;根据句子的复杂程度划分,可分为并列句、复杂句以及并列复杂句等;某些情况下,在并列复合句中,各句里的相同成分,如主语、谓语或宾语等均可予以省略。例如,"Low density polyethylene has a crystallinity range of 65 percent,and high density polyethylene of 85 percent."显然,and 之后的并列部分省略了 has a crystallinity range,完整句子应为"Low density polyethylene has a crystallinity range of 65 percent, and high density polyethylene has a crystallinity range of 85 percent."

在科技文体翻译中,定语从句中也常常出现省略句式。由关联词 which 或 that 引导的定语从句,通常可将关联词和从句谓语中的助动词(当从句被动语态时)省略,只留下作定语用的分词短语,如"Vinyl resins cover a broad group of materials derived from the 'vinyl' radical."既可以将 derived from the "vinyl" radical 这个成分理解为过去分词作后置定语修饰中心词 materials,也可理解为省略句 Vinyl resins cover a broad group of materials (that are) derived from the "vinyl" radical。在科技文体的其他特定句型中,省略句式也较为常见,如"The smaller the particles (are), the more freely do they move."在这个固定句型"越……越……"结构中,前半部分比较结构省略了谓语动词 are; 在一些固定的省略句式中,如 As described above(如前所述),If possible(如可能的话),As indicated in Fig. I(如图 I 所示),If required(需要时,如果需要的话),As noted later(如后所述、从下文可以看出),When in use(在使用时、当工作时),As previously mentioned(前已提及),When necessary(当必要时、如有必要),When needed(如果需要的话),As shown in table X(如表 X 所示)等。可见,省略句式的大量使用使得科技文体结构严谨、概念清晰、表述准确、逻辑性强,在翻译科技文献时,译者也要充分考虑到科技文体的这一特点,采用适当的翻译策略对译文的语言进行斟酌和省略,使译文(尤其是汉译英时)符合科技文体的生态语境和英语科技文体的表达习惯。

十一、句子结构严谨合理

科技英语要求客观性、准确性和严密性，既满足语法修辞的要求，又符合逻辑和客观实际。具体根据句子中表达的具体概念分别采用主从结构和平行结构。对于两个以上的不同概念或不同等重要的诸多个成分，有必要对句子进行逻辑分析，理清句子的主次信息，将重要成分作为主句而其他成分做修饰，使用主从结构进行构句。例如，“The crude petroleum oil obtained from well consists of a mixture of hydro-carbons each of which is a chemical compound of carbon and hydrogen.”或表述为“The crude petroleum oil obtained from well consists of hydro-carbons and each of these is a chemical compound of carbon and hydrogen.”

第三节　生态翻译学视域下科技文体翻译的三维转换

由于英汉两种语言系统的差异，其信息传递模式也不相同，行文习惯和行文语序的侧重点也存在很大差异。各种语言的差异虽然客观存在，但译者应充分发挥主体性和能动性，以积极的态度去适应科技文体的生态语言环境，进行适应性选择与选择性适应。在翻译过程中要从语言维度、文化维度以及交际维度等多元化视角完整地转换与传递原文的内容及其交际含义，通过对源语语序、词汇、句式等进行适当的调整，使译文符合目的语的表达习惯，使译文通顺明确，符合科技文体的基本特征，获得“整合适应选择度最高”的译文。

一、科技文体翻译在语言维度上的适应性选择转换

按照信息论的观点,翻译的本质就是通过语种转换把一种语言的言语所承载的信息转移到另一种语言的言语当中,用该种语言表达出来以传递给目标语言读者的过程,是把一种语言的言语转换成另一种语言的言语的活动。译文对原文信息的包含程度称之为译文信息与原作信息的等价性,简称"信息等价性"(information equivalency)。译文使目标语言读者获得原作信息的程度称之为译文的信息的传递性,简称"信息传递性"(information transmittivity)。因此,翻译活动的首要任务是完成语言文字符号层面的信息转换,根据生态翻译学理论,译者应在语言维度上关注两种语言符号间的信息转换,并做出适应性选择与选择性适应。例如,"In some automated plants electronic computers control the entire production line."即可按照文本层面的信息对等进行直译,译为"在一些自动化工厂,电子计算机控制整个生产线"。再如"The present 'packing density' of 2.5 million bits of information per square inch can be increased in the future."也可以采用直译的方法进行翻译。在数的表达方面,也要注意英汉语在单复数概念及数的特指与泛指方面的差异。例如,当英语可数名词复数或不可数名词表示泛指或一类时,译者应视上下文而定,采取适当的翻译方法,确保语言维度上信息的对等。例如,"They will mix freely with other organic compounds and are often soluble in organic solvents."这一句子中 organic solvents 的泛指意义最好译出,原句应译为"它们能与其他有机化合物自由混合并能溶于多种有机溶剂中。"

译文的"信息等价性"和"信息传递性"反映了翻译的本质。在翻译过程中,一方面要求译文与原文的信息具有等价性,即保证信息的等价转化;另一方面要求译文具有较强的信息传递性。"信息等价性"和"信息传递性"是翻译的二元基本标准。

二、科技文体翻译在文化维度上的适应性选择转换

语言是文化的载体，亦是文化的重要组成部分和表现形式，而文化又是语言赖以存在的基础，因此在翻译过程中，既要强调语言对翻译活动的重要依托作用，又要意识到文化对翻译活动的重要制约作用。在翻译过程中，由于源语与译语之间在语言特征和文化背景方面的差异，译者在翻译活动中不仅要了解源语的语音、语法、构句特点等，而且应深入发掘语言背后的文化内涵，对源语生态环境做出适应性选择，选择性适应源语的词汇内涵、文化背景、生态语境、思想观念、思维方式及语言习惯等因素，并在翻译策略、翻译标准等方面做出适应性选择。

由于各国的地域文化、语言环境及思维方式等差异，在科技翻译中译者也要充分考虑中西方价值观念、生活情趣等因素对翻译的制约作用，在词汇选择和构句模式方面既要符合科技文体的基本特征，又要考虑到文化差异因素，尽可能协调好二者之间的关系，使语言与文化因素相伴相生，成为推动翻译发展的促进因素。译者在创造或翻译汉语科技术语时，不可生搬硬套英语中科技术语的结构意义，还应考虑汉语的语言文化习惯，如术语 dot-character nonimpact printing technique 如果按照英语构词顺序和思维习惯译为“点阵字符非击打式印刷技术”就不符合中国人的理解习惯和思维习惯，因此翻译时可对次序进行适当调整，译为“非击打式点阵字符印刷技术”更为通顺；类似例子还有 diesel-electric locomotive 应译为“电力传动内燃机车”而非“传动电力内燃机车”，否则会导致误解；再如 decision tree classifier 应译为“树形判断分类法”而非“判断树形分类法”，iron and steel 译为“钢铁”而不说成“铁钢”，zinc-lead battery 译为“铅锌蓄电池”而非“锌铅蓄电池”等。再如，日常生活中某些常用词用在不同的科技文体中，其翻译方法也应参考文体风格和生态语境，考虑文化差异和表达习惯差异等因素，对常用词汇赋予其不同的意义。如在化

学领域表示化学反应所使用的特定词汇:

combine 化合

break down 分解

decompose 分解

dissociate 离解

neutralize 中和

replace 取代

oxidize 氧化

reduce 还原

表达化学反应常用的一般性动词有 react(reaction),obtain,form,convert,produce,give,yield 等,如下面的例句"Acids react with certain metals to produce hydrogen."(酸与某些金属起反应产生氢气);"Silver hydroxide is easy to break down into the oxide and water."(氢氧化银容易分解为氧化物和水。)再如,"The homologs of benzene are those containing an alkyl group or alkyl groups in place of one more hydrogen atoms."本句中包含化学领域的专业术语,如 homologs 同系物,alkyl 烷基,如果直译为"苯的同系物就是那些被一个或多个烷基取代一个或多个氢原子所形成的产物。"读者会明显感觉句子表述不清、语义模糊,亦不符合科技文体表述精准、严谨的文体风格,考虑到汉语注重意合的表达习惯,可将句子进行修改和调整,译为"苯的同系物是那些苯环上含有取代一个氢的单烷基或取代多个氢的多烷基的物质。"本译文通过明确修饰关系达到最高的"整合适应选择度",因此更易为目的语文化的读者所接受。

汉英词语间的差异带着浓厚的文化特征,出现了多义词,歧义词及双关语、同义词、反义词、词汇空缺等常见而难以翻译的语言现象。有些英汉词语在概念意义上是对应的,但在内涵意义上却不对应,而另一些汉英词汇在词义上是完全不对应的,即出现词义空缺现象。这种不对应现象给汉英翻译造成一定的难度,需通过适当的翻译技巧加以克服。英语中的多义词现象远多于汉语,这一点在科技文体中也有体现,以 matrix 一词为例,其词典释义包括:①(生物形成生长的)母体,母体组织;【解】子宫 ②发源地,策源地 ③【生】细胞间质,基质 ④【矿】母岩,杂矿石,基岩;【地质】脉石,填质;(岩石中化石等的)痕印 ⑤【冶】(合金的)基体 ⑥【刷】纸型,字模 ⑦唱片模子 ⑧【数】阵,矩阵,真值表,母式;【无】矩阵变换电路;【语】主句、独立句,因此给翻译活动造成极大困难,译者若只知其一,不知其二,必然在翻译过程中容易出现误译或死译现象。如"Rome was the matrix of Western civilization."如果望文生义,容易直译为"罗马是西方文明的矩阵",读者必然一头雾水。而如果译者考虑到文化背景和历史渊源,就很容易获得正确的译文,该句应译为"罗马是西方文明之母。"再来看 matrix 一词在其他语境中的翻译处理方法:

absorption matrix 投入矩阵

accounting matrix 会计矩阵

1-adic matrix 1 进(矩)阵

adjacency matrix 邻接矩阵

adjoint matrix 伴随(矩)阵

admit-tance matrix 导纳矩阵

aggregation matrix 集结矩阵

almost triangular matrix 准三角形矩阵

alpha matrix of the sum of squares 平方和矩阵

alternate matrix 交错(矩)阵

amplification matrix 放大矩阵

anti-Hermitian matrix 反埃尔米特矩阵

anti-symmetric matrix 反对(矩)阵

associate matrix 共轭转 (矩)阵

associated matrix 相伴(矩)阵

augmented matrix 增广矩阵

autocorrelation matrix 自相关矩阵

auxiliary matrix 辅助矩阵

band matrix 带状矩阵
basic generated matrix 基本生成矩阵
basis matrix 基矩阵
behavioural matrix 行为矩阵
bidiagonal matrix 两对角线矩阵
binary matrix 二元矩阵
binder matrix 结合混合料
black matrix 黑色矩阵,黑底
block circulant matrix 分组循环矩阵
bone matrix 骨基质
bordered symmetric matrix 加边对称矩阵
bounded matrix 有界矩阵
branch elastance matrix 分支倒电容矩阵
branch inductance matrix 分支电感矩阵
branch operator matrix 分支算子矩阵
brief-value matrix (心理学的)信念价值方阵
canonical matrix 典型矩阵,正则矩阵,典型阵,正则阵
casting matrix 浇铸基体
cell matrix 细胞基质
channel matrix 信道矩阵
characteristic matrix 特征矩阵,本征矩阵
check matrix 复核表
chroma-key matrix 色度键矩阵
chromosome matrix 染色体基质
circuit matrix 环道阵
circulant matrix 轮换矩阵
citation matrix (图书)引文源
classical canonical matrix 经典标准矩阵
clay matrix (出版)泥版
cocycle matrix 余圈矩阵

coefficient matrix 系数矩阵
coherence matrix 相干矩阵
cold plastic matrix 冷塑性基料(常温溶解型基料)
collision matrix 碰撞矩阵
colour matrix 彩色矩阵
column matrix 列矩阵
community matrix 社团(与当地学校)协作型式
commutator matrix 换位矩阵
companion matrix 相伴(矩)阵,友(矩)阵
completely unimodular matrix 完全幺模矩阵
complex matrix 复矩阵
complex conjugate matrix 复共轭(矩)阵
complex orthogonal matrix 复正交矩阵
composing machine matrix 铸排机字模
composite matrix 合成(矩)阵
compound matrix 复合矩阵
computing matrix 计算矩阵
conformable matrix 可相乘矩阵
congruent matrix 相合矩阵
connection matrix 联络矩阵
consistently ordered matrix 相容次序(矩)阵
constant-sum matrix【统计】常数总额矩阵
constraint matrix 约束矩阵
control matrix 控制矩阵
controllability matrix 可控性矩阵
copper-rich matrix 富铜基体
core matrix 磁心矩阵
correlation matrix 相关系数矩阵,相关矩阵
cost matrix 价值矩阵
coupled matrix 耦合矩阵

covarian matrix 协度矩阵
covariance matrix 协方差矩阵
cross-bar addressed dot matrix 正交线寻址点矩阵
cross-products matrix 交叉乘积矩阵
current steering diode matrix 电流导引二极管矩阵
cut matrix 雕刻字模
cut set matrix 割集矩阵
cycle matrix 圈矩阵
cyclic matrix 循环(矩)阵
cytoplasmic matrix 细胞质基质
damping [damped] matrix 阻尼矩阵
data responsibility matrix【信息】数据可靠性真值表
decision matrix 抉择矩阵
decoder [decoding] matrix 译码矩阵
deformation matrix 形变矩阵
degenerate matrix 退化矩阵

由此可见科技翻译之难。俗话说“隔行如隔山”,对于“外行”的翻译研究者和读者来说,如果不了解相关领域的专业术语、语言特点以及文化背景等生态环境因子,就很难对科技文体的翻译生态环境做出选择性适应和适应性选择,就很难在浩瀚的语言信息空间找到与源语相匹配的信息转换符号,很难筛选出合适的译文。因此译者必须提高自身的文化素养和语言基本功,深入了解源语与译语的语言特点、表达习惯、文化背景和生态翻译环境,正视不同民族语言文化间的差异,努力矫正文化错位现象,努力填补文化空缺现象,以使源语与译文达到最高“契合度”,实现译文在语言维度、文化维度以及交际维度上的“最高整合适应度”。

三、科技文体翻译在交际维度上的适应性选择转换

语言是交际的工具,在翻译过程中,译者不但要关注语言文

本层面的信息转换，而且要将文化因素和交际目的因素考虑在内。翻译过程中源语交际意图的适应性选择转换是指关注原文文本的交际意图是否能够在译文中得以体现，不论是科技文体还是法律文体、旅游文体等，在实现语言的交际目的过程中不起多少作用甚至导致翻译受阻的语言信息都应进行适当的调整或处理。译者要注重交际维度上源语信息量的调整和处理，力求使读者以最小的阅读努力获得最大化的信息量，领会语言交流的最终目的。

例如，“The KODAK fiche reader 321A is easy to operate, versatile, compact and has a pleasing modern style”，这是一则柯达胶片的广告说明书，在科技文体的生态语境中，显然 reader 不再表示“读者”而是指“阅读器”之意。该句如果仅从语言维度进行考查，其直译译文为“柯达牌缩微阅读器 321A 很容易操作，多才多艺，紧凑型，并具有漂亮的、现代的款式”，可见译文中信息杂糅，指代模糊，语义不明。因此必须从多元维度的视角进行考察，从语言差异、思维方式差异、表达习惯差异以及交际意图等层面对原译文进行推敲和改译。考虑到该文本的交际目的是介绍柯达新款胶片阅读器的一系列功能以及科技说明文体语言力求简洁、凝练、客观的文体特点，并且结合汉语具备意合的表达优势和惯用四字格的行文习惯，将原译改为“柯达 321A 型缩微胶片阅读器操作简便，功能齐全，结构紧凑，造型美观”，这样一来，译文朗朗上口，很容易打动消费者，具备很强的“呼唤功能”，实现了源语的交际目的。

再如，“Don't remove any parts or components from the equipment unless it is authorized.”该句是英语中典型的 not… unless… 句型结构，一般译为“除非……，否则……”，因此原句可译为“除非被授权（获得批准），否则不可以拆除该设备的零部件”，译文貌似合理，但中国读者会觉得表达很别扭。考虑到源语是一句否定意义的祈使句，表示命令或禁止的含义，为实现源语的这一交际目的，译者需要在交际维度上对译文及其生态翻译环境做出适应性选择。因此将原译文改为“不得随意拆卸设备零部件”更为通顺达意,亦是译者在交际维度上做出适应性选择的最佳译文。

第八章　应用文体翻译的生态学视角：新闻翻译

随着经济全球化和文化全球化进程的不断深入，人类信息的传播与交流变得越来越重要。新闻翻译作为各国之间信息交流与文化传播的重要媒介，其作用不容小觑，新闻翻译也一度成为翻译研究领域的热点。新闻承载的信息量大、信息面广，涉及政治、经济、社会、语言、文化、历史等社会各个领域，涉及人类交际的各个方面，因此对译者的文化素养和语言能力提出更高的要求。所以要求译者能考虑相关诸要素，充分发挥译者的主体作用，对文本进行适应与选择，从而增加目的语文本的信度。为此译者需要发挥双重身份，对源语文本进行拆解并进行重组或改写，从而形成新的目的语文本。

第一节　新闻文体翻译对译者的基本要求

所谓新闻是指"新近发生的事实的报道"(《我们对于新闻学的基本观点》)，而正在发生的或将要发生的事实也是新闻特别是广播电视新闻报道的对象。新闻英语指英文报刊上常见的各类文章，其体裁广泛多样，包括新闻报道、新闻特写、广告、公报、文艺作品、述评、访谈、学术介绍和争鸣等，其题材广泛，内容包罗万象。"由于这类文本体裁多样，涉及面广，所以没有统一的新闻文体模式。例如，消息类和通讯类的新闻体文本就有明显区别。后者主要采用散文体形式，翻译时可运用跟散文翻译相类似的方法；而前者则要求具有'快速''新颖''简洁'和'详实'等特点"，因此新闻翻译与其他应用文体一样,对译者的文化素养、英汉语言能力及翻译技能提出了更高的要求。

一、译者应充分了解新闻文体的基本特点

随着国际交流的日益频繁,新闻翻译显得越来越重要。新闻是用不同语言书写的,而语言是文化的载体,文化又植根于某种特定的自然、历史和社会环境,是生态环境的重要组成要素,因此新闻翻译要求译者应具备生态意识和跨文化交际意识,充分调动自己对异文化的敏感性,才能使译语读者不仅能获得源语新闻记者所报道的信息,而且还能获得与源语新闻读者大致相同的教育或启迪以及审美享受或文学享受。由于中西方文化背景、思维方式和语言表达习惯的差异,其语言表达方式也存在着巨大的差异。在从事新闻翻译时,译者除了要熟悉译入语和译出语的语言特点外,还应具备生态意识,加强自身跨文化意识的培养,在翻译过程中充分考虑译者、源语、译语以及受众群体之间的生态关联及相互作用,用生态论的“整体观”“系统观”和“发展观”来审视人类的翻译活动,使新闻翻译的译文更具生命力和新闻价值。

二、译者应具备充分的跨文化交际意识和语言转换意识

所谓“新闻翻译是把一种文字写成的新闻用另一种语言表达出来,经过再次传播,使译语读者不仅能获得源语新闻记者所报道的信息,而且还能获得与源语新闻读者大致相同的教育或启迪,获得与源语新闻读者大致相同的信息享受或文学享受”。[①] 要实现这一目标,新闻译者不仅要掌握两种语言,熟悉译入语和译出语的语言特点,而且还要了解语言当中的社会文化,因为语言作为文化的载体,往往负载着一定的文化意蕴,正如王佐良教授

① 刘其中.新闻翻译教程[M].北京:中国人民大学出版社,2004.

在《翻译与文化繁荣》一文中所说，“就是两种文化的不同。在一种文化里头有一些不言而喻的东西，在另外一种文化里却要费很大力气加以解释。”①因此，译者要具有强烈的跨文化意识，做“一个真正意义上的文化人”②。所谓做“文化人”，就是要尽可能多地了解源语民族的文化，不仅精通其语言，还应熟悉其政治、经济、历史、风俗习惯、感情生活、哲学思想、科技成就等。文化差异会对新闻翻译产生重大的影响，直接关系到新闻翻译的质量和信息的传递。新闻具有时时更新的特点，相应的新闻翻译活动也必将非常频繁，因此培养加强新闻翻译人员的跨文化意识已成为当务之急。跨文化意识的培养主要从以下几个方面着手。

首先，译者应了解词汇的背景知识，在直译无法实现源语与译语完全对等的情况下，按照词汇的文化史源含义进行翻译推敲；词汇作为语言的重要组成部分，具有很强的文化符号特质，宗教、历史、习俗、典故等无不凝结着各民族的审美心理和文化特征。例如，white feather 在西方文化中并非指洁白的羽毛，而是指战场上临阵脱逃的“懦夫”，如果译者不了解这一文化差异，必然会因理解上的失误造成翻译的失误。

其次，译者应充分了解各民族文化的内涵，通过“借义法”弥补本族文化的缺失，丰富本民族文化的内容。例如，awl 猫头鹰一词无论是在中国文化中还是在英美国家文化中都普遍带有不吉祥之意，因其常常在半夜发出凄惨的叫声并能预测病人的死亡而被人们视为“死亡之鸟”，如果译者仅从中国文化的视角来解读猫头鹰一词，在翻译过程中必然会造成很多费解或误解，因为在其他国家如日本，猫头鹰被视为福鸟；在小说《哈利·波特》中，猫头鹰因能记住复杂的魔法咒语而受到魔法师的青睐，成为魔法师的信使；在希腊神话中，猫头鹰成了智慧女神雅典娜的圣鸟，被视为智慧的象征。如此丰富的词汇内涵对于翻译活动中的译者来说

---

① 王佐良．翻译与文化繁荣[A]．郭建中．文化与翻译[C]．北京：中国对外翻译出版公司，1999.

② 王佐良．翻译：思考与试笔[M]．北京：外语教学与研究出版社，1989.

势必造成很大困难,因此译者有必要在翻译实践中积累一些本民族语言文化中不具备的词汇内涵,以便在翻译过程中得心应手。

再次,译者应注意特定民族文化赋予词汇的外延意义,避免词汇连错位现象。在翻译实践中,译者往往会遇到以下情况:源语中某些词汇在语义或语用方面只是部分与译语等值,简单的对等翻译容易造成语义或语用失误。例如,中国文化中 East Wind 喻指有利的形势或条件,如人们所熟知的成语“万事俱备,只欠东风”,而且在中国文化中,人们常以 East Wind 命名货轮或船只,寓意航行一帆风顺,因为受中国所处的地理位置影响,东风 East Wind 代表复苏万物的春风,而西风 West Wind 则是冬天吹的凛冽寒风;而在西方国家如英国,诗人雪莱歌颂的却是 West Wind,因为从欧洲大陆北部吹来的 East Wind 是阴冷的寒风,而 West Wind 才是温暖的春风。因此,在翻译过程中,译者应充分了解词汇的多元文化内涵,不能只知其一,不知其二,既要了解词汇的多民族文化共性,又要了解其特定民族文化的个性,在翻译过程中根据各民族的地域、历史、宗教、思维、审美等文化差异进行跨文化交际意识的转换,才能使译文符合译语的生态语言环境,具备更强的生命力。

三、译者应加强中西方文化素养

中华文明源远流长,文化博大精深,译者在从事新闻翻译过程中应有意识地加强对中国文化的深入了解,在熟知本民族的文化的同时学习西方文化,多研读对中国有深远影响的国学书籍,并且把中西方两种文化加以对比,更好地传播中国文化。除了《英美概况》《英美文学史》《欧洲文化入门》等课程,新闻翻译人员还应学习《圣经》和《古希腊罗马神话》方面的课程,加强政治、文学、历史、哲学和宗教文化方面的学习。此外还须了解国内外政治、经济、科技文化等热点问题,关注欧美主要报纸和新闻媒体,关心时政要闻,养成每日读报、听新闻的习惯,为游刃有余的从事新闻翻译工作打下坚实基础，使自身无论在语言层面、文化层面还是跨文化交际层面对译文的处理都能够得心应手。

第二节　新闻文体的基本特征

一、新闻文体的词汇特征

（一）语言简洁明晰

英语新闻语言在词语表达上力求简洁明晰，语意清新，用词生动，表达客观，常用谚语、成语和典故以及比喻等修辞手段引人注目，耐人寻味。新闻报道常使用某些词汇来表达事实和事件，因此这些词汇经过长期使用后逐渐取得与新闻报道相联系的特殊意义，具有特定的新闻色彩，成为新闻体词语（journalistic words）。新闻词语常带有新闻文体的特色，在特定的上下文限制下，具有其特定的涵义。新闻报道要吸引尽可能多的读者，因此用词又必须力求新奇。例如，horror 一词是新闻标题中的常用词，用以表示“不幸事故和暴力行动”。再如，nadir 常指“两国关系的最低点”。此外，新闻报道中还有一些约定俗成的套语，如 according to sources concerned（据有关方面报道），cited as saying（援引……的话）等。

（二）常使用“新词”和“小词”

新闻报道涉及社会政治生活、金融商业活动、军事冲突、科技发展、外交斗争、文化体育动态以及宗教、法律、刑事、家庭等各个方面，因此新闻报道用词范围广，“新词”和“小词”层出不穷。小词（midget words）即简短词，一般为单音节词。小词的广泛使用一是由于报纸篇幅有限，用小词可以免于移行或占用过多篇幅；

二是由于小词的词义范畴很宽,一般比较生动鲜活。新闻英语称这类词为 synonyms of all work(万能同义词),如 back(支持),ban(禁止),curb(控制)等。为了表达需要和追求新奇,新闻报道常常使用"临时造词/生造词",即临时创造或拼凑起来的词或词组,具有鲜明的新闻特色和时代特征。例如,Euromart(European market 欧洲市场),Reaganomics(Reagan-economics 里根经济),Ameritocracy(American-aristocracy 美国寡头政治统治),haves and have-nots(富人和穷人)等。

(三)大量使用缩略语

新闻英语中大量使用缩略语,主要是为了节省时间和篇幅。比如,WB(world bank 世界银行),ASP(American selling price 美国销售价),biz(business 商业)等,如果不了解新闻英语的这些文体特点和构词特点,就容易在翻译中造成误解和误译。为了唤起读者的亲切感(sense of togetherness),英语新闻文体大量借用体育、军事、商业、科技、文学、娱乐业等方面的专业词汇或外来词。例如,schmuck:蠢货(源于意大利语);macho:有男子气概的(源于墨西哥语);the odds:可能性(体育用语,高尔夫);showdown:摊牌(赌博);package deal:一揽子买卖;dark horse:指出人意料的获胜者(赛马);throw somebody a curve ball:虚晃一招,行骗;get to first base:取得初步成功(棒球);throw the sponge:认输或投降;play for high stakes:下大赌注;hit the Jack-pot:获得大笔赌注,取得巨大成功等;新闻词汇还有一大特点即"旧瓶装新酒",将常见词赋予新意,进行词义的转变。例如,upper(a stimulant drug):一剂麻醉药,umbrella(a nuclear umbrella):核保护伞,throwaway (wasteful):浪费成风的,streetwalk(to walk without an effort as if window shopping in the street):毫不费力地走过场,原指"妓女,沿街卖笑"等。以上新闻英语诸例中这些词汇的文化内涵对于新闻翻译中信息功能的传递起至关重要的桥梁作用,因此译者必须深入了解新闻文体的语言特点和文体特点,以便能够准确把握这些文化信息负载词的内涵，使之更好地服务于译者的翻译活动。

二、新闻文体的句法特征

新闻英语不但词汇特色鲜明，其语法、句法以及章法也有其自身的特色。新闻文体一般常用平素易懂的语句，近于谈话体、口语化的行文语言。就新闻报道的标题而言，英语新闻标题一般使用完整的句子(包括各类从句、祈使句、疑问句)，或使用名词、名词短语、单词的首字母、缩略语、介词短语等；其谓语动词多使用一般现在时代替过去时；动词不定时代替将来时；非谓语动词多用动名词、动词不定式、分词等基本特征。

(一)较多使用省略句和扩展的简单句

由于报刊篇幅有限，新闻文体在语法方面一个重要特点是句型的高度扩展，结构严谨，将丰富的信息压缩在有限的篇幅中。简单句有助于清楚地叙述事件的发生发展过程，可突出显示事件发生发展过程的层次感。常见的方法有使用同位语、介词短语、分词短语等语言成分扩展简单句。有时还较多地使用插入语代替从句，从而简化句子结构。在新闻标题中很多部分被省略，如冠词、介词、联系动词、连词、代词等。例如，Lewis, Xie Voted World Top two.(＝Lewis and Xie Jun were voted world's top two athletes.)这则新闻标题将连词 and、谓语动词 were、名词所有格 's 以及被修饰的中心词 athletes 等统统省略，突显出新闻文体言简意赅、醒目并吸引读者眼球的表达效果，但译者及读者可通过常识、文化背景和语境等因素对新闻内容加以把握，从而获得正确的理解。

(二)经常使用复合性短语代替从句

为使句式简练，新闻报道常采取用连字符构成复合性短语做前置定语，来代替定语从句，使句子化繁为简，达到醒目的表达效果。例如，on-site-service（现场服务），most-favored-nation treatment（最惠国待遇）等。

（三）被动语态使用频繁

由于新闻报道中最受读者关注的往往是动作执行者或受动者，因此被动语态的使用较为频繁，但在翻译过程中要灵活处理，尤其在英译汉过程中应予以充分考虑将汉语的表达习惯译为主动态。下面结合一则新闻报道中的语句进行分析："More than 50 million acres of farmland have been submerged and grain store damaged. Thousands of peasants have been shown on television trying to save their grain by loading sacks into boats or trying to move them to higher ground."该报道中连续使用三处被动语态：farmland have been submerged，grain store（have been）damaged 和 Thousands of peasants have been shown on television，凸显出灾害的受害者，使报道重点突出，主次分明。该报道可译为"五千多万亩粮田被淹，很多粮仓被毁。电视屏幕上，成千上万的农民在设法抢救粮食。他们或把麻袋装的粮食运到船上，或把它们转移到高处。"翻译时注意将句中"Thousands of peasants have been shown"译成主动语态更符合汉语表达习惯。

（四）使用一般现在时和现在进行时

新闻文体在时态方面多使用一般现在时和现在进行时。由于新闻报道强调及时性和客观性，因此报道中多使用一般现在时或现在进行时，这两种时态给人展示事件正在进行的效果，给人以真实感和现实感。例如，A Ground War Begins（一场地面战打响了）；Deposits，Loans Rising in HK（存贷款额在港回升）。甚至在 said，told，reported，added 等动词过去时后面的 that 宾语从句中，过去时也常常为现在时态所替代。再来看下面几则新闻标题翻译的例子，"French Culture Is In The Doldrums"（法国文化颓然不振)中谓语动词 Is 使用了一般现在时;“Husband And Wife Team Unlocks New Gene Secrets”(夫妻联手解开新的基因奥秘)中谓语动词 Unlocks 为一般现在时;在句子“‘The Departed’ Lands Best Picture Oscar”(《无间行者》获 79 届奥斯卡最佳影片奖)中,谓语动词 Lands 使用了一般现在时等。

第三节　跨文化交际意识培养与新闻翻译

对于新闻译者而言,其在翻译时必须具备很强的跨文化意识,并对文化差异有高度的敏感性,才能使译语读者不仅能获得源语新闻记者所报道的信息,而且还能获得与源语新闻读者大致相同的教育或启迪,获得与源语新闻读者大致相同的信息享受或文学享受。文化差异主要表现在文化沉积、认知体系、思维方式三个方面。文化沉积主要指的是各民族语言在长期使用过程中产生大量的俗语、典故、格言等以及当代社会的政治、经济、科技、文化等各个领域每天都在产生大量的新观念、新词汇,它们蕴涵着丰富的文化内涵,带有浓厚的色彩。如果对文化沉积没有相应的认识和了解,将会影响其正确的翻译。看下面的例子。

原文:I do not have a crystal ball. I cannot predict how long it will take.

译文:我没有水晶球。我无法预计它会持续多久。[①]

这是一个不了解 crystal ball(水晶球)文化内涵引起误译的例子,使读者一头雾水。译者显然缺乏跨文化意识原新闻背景:一位参与斡旋斯里兰卡政府和泰米尔猛虎组织间紧张局势的挪威官员称,斯里兰卡政府与泰米尔猛虎组织达成一致意见,同意在泰国曼谷举行谈判,旨在结束斯里兰卡长达 19 年的内乱,但目前还不确定会谈将持续多久。报道中这位官员有一句话:I do not

① 田月梅. 信息化环境下翻译中的文化差异和跨文化意识培养研究[J]. 教育教学论坛,2017,(19).

have a crystal ball. I cannot predict how long it will take. 其中的"crystal ball"指的是水晶球,在西方文化中,水晶球是占卜者借以预见未来的工具。可将其改译为:我不能预见将来的情况,所以不清楚会谈将持续多久。

原文:The New Whiz Kids (*Times* Aug. 31,1987)

译文:官员自命不凡 越战一塌糊涂[①]

这是个新闻标题,其中 Whiz Kids 是政治领域中出现的词汇,指在 John Kennedy 执政时他任命的一批年轻有为、才智出众但往往缺乏实际经验的官员。文章写时正值美国发动越南战争战况恶劣,这里用的 Whiz Kids,就有很强的文化背景,讽刺意味明显,英美读者读后必会会心一笑,而中国读者可就一头雾水。翻译时意译更好。

美国《时代》(*Times*)周刊曾把尼克松访华说成是 Nixon's Odyssey to China[②],Odyssey(奥德赛)是西方读者熟悉的神话典故,原为古希腊诗人荷马的一部英雄史诗,描写 Odysseus(奥德修斯)在古城特洛伊陷落后所经历的一段漫长而艰难的历程,这里用来喻指中美关系正常化的一段漫长过程,不能不说意味深长。如果我们不了解 Odyssey 这一故事,不知道 Odyssey 在这是"漫长历程"之意,就难以理解 Nixon's Odyssey to China 的真正含义。

认知差异主要是指每个民族在价值取向、宗教信仰、审美观念等方面的不同,面对相同的感知对象会有不同的理解和联想。如果新闻中涉及动物方面的内容,译者要多加注意,因为东西方文化中动物的联想含义是不同的。如前面章节提到的中国的龙,西方原来认为是可怕的怪物,而英语中的狮子很多时候相当于汉语中虎的形象。思维差异是指不同的民族有不同的思维方式、思维特征、思维风格等。由于思维方式的差异,英汉两种语言在语序安排上多有不同。汉语句子语序以逻辑为序,往往先因后果,

① 卢红霞.新闻翻译中的文化差异和跨文化意识培养[J].新闻知识,2011,(10).

② 刘慧.大学翻译教学中跨文化意识的培养[J].文学教育(中),2013,(12).

先假设后推论，先叙事后表态，先说以前发生的事，再说最近发生的事，而英语则不同，请看下面新闻导语的翻译：

原文：Pakistani forces battled Taliban fighters on Monday as the militants denounced the army and government as U. S. stooges and said a peace pact would end unless the government halted its offensive. (*Reuters* May 4, 2009)

译文：由于武装分子指责军队和政府为美国的走狗，并称政府不停止进攻则终止和平协定，巴基斯坦安全部队周一（五月四日）发起对塔利班武装分子的打击行动。

这则新闻导语，英语导语是先果后因，翻译成汉语时，应遵从汉语的逻辑顺序，因此译文是先因后果。

第四节　生态翻译学三维转换视域下的新闻翻译

胡庚申教授的生态翻译学为新闻翻译提供了更为系统和科学的研究视角。生态翻译学视域下的新闻翻译强调译者在翻译过程中的主体作用，强调译者对文本进行适应性选择。该理论以达尔文的生物进化论中的“适应与选择”作为研究基础，以期从崭新的视角来研究翻译现象和翻译活动，从而对翻译实践起到指导作用。通过对新闻案例的分析来解读译者在新闻翻译生态环境的诸要素之间进行适应与选择的过程，详细论述汉英新闻翻译生态的多层面因素及其与译者的关系，从而发挥译者的中心作用；基于生态翻译学的新闻翻译力求使整个新闻文本的信息处理和目的语读者的期待值之间达到最大的平衡，使译者主体性作用最大化，译者将充分考虑二者的各自特性、目标与读者群体的接受程度和新闻翻译生态环境诸要素等综合因素，通过充当语言学家、跨文化交流专家及交际专家的角色来进行翻译策略的筛选，诸如编译法，改写法，省略法，增译法等，采取最佳的翻译策略对新闻翻译进行解读，以期获得理想的翻译效果和有效的新闻传播。生态翻译学能引起更多的关注及深入的研究和探讨,从而更进一步推动该新兴理论的发展。

新闻文体作为一种植根于社会生活、反映生活并服务于大众的应用文体,按照事件的性质分类,新闻可分为“硬新闻”(hard news)和“软新闻”(soft news)两大类。硬新闻也就是“纯新闻消息报道”,指题材严肃,具有一定时效性的客观事实报道;软新闻是指情感味浓,写作方法诙谐,轻松幽默的社会新闻,不注重时效性。

一、语言维度新闻英语翻译的适应性选择转换

新闻文体的翻译主要包括新闻标题的翻译,导语的翻译,新闻报道的翻译,新闻特写的翻译和新闻评论的翻译。新闻体裁的多样性决定了新闻翻译要根据不同的内容和体裁选择不同的语言表达手段,做到文体适切。由于新闻体裁的文体特征,新闻报道大多采用倒金字塔结构(inverted pyramid)对事件进行陈述或翻译,往往把最重要的信息内容放在新闻报道的最前面,随后按重要性递减的顺序依次陈述其他内容。其优点在于能迅速地把最新鲜、最及时、最重要的事实和信息以开门见山的方式传递给读者,满足读者的好奇心与新鲜感,使读者一目了然,节省时间,提高阅读效率。一般来说,通常将新闻五大要素(5W)放在第一段,采用缩略句式进行报道。例如:“温家宝总理将出访亚洲四国并出席亚太经济组织会议”可译为:Premier Plans Asia Trip;“为中国的改革开放事业做出贡献,数十位外国专家获得友谊奖”可译为:Foreign Experts Awarded Medals;“为方便台湾记者来祖国大陆采访,国务院台办颁布新规定”可译为:Journalists from Taiwan to Benefit from New Rules;“美国航天史上最大悲剧“挑战者”号航天飞机空中爆炸”可译为:Challenger Explosion Brings Grief Worldwide. 同样,英文新闻标题或报道的翻译也要根据新闻语体的基本特征和构句特点,适当采用变通的翻译方法进行处

理。例如,“Divorce New York Style (*NYT*)”译为:纽约式离婚;“Cabinet papers leak inquiry (*Guardian*)”译为:内阁文件泄密事件调查工作;“Corruption Reports Against Police Rise (*NYT*)”译为:指控警方受贿呼声四起;“The rod comes back(*Newsweek*)”译为:英国小学中体罚之风又起;“GOP Shakedown Cruise(*Newsweek*)”译为:共和党的(竞选)试航(揭开序幕)等。以上各例充分体现了省略句式在翻译新闻标题中的重要构句作用。

由于中英标题风格各异,在翻译过程中,译者应适当照顾英文标题的特点;为了达意,汉语标题中的修辞手段有时要做出牺牲,汉语标题的语言结构有时要打破重组,以契合英文标题的习惯特征。

二、文化维度新闻英语翻译的适应性选择转换

新闻翻译不可随心所欲,主观臆断,脱离原义;也不可拘泥于原文语言形式,还必须考虑到新闻文体的基本特征及其语境制约因素,如新闻词汇的文化背景、新闻事件的历史内涵、政治因素、宗教因素、大众审美、心理因素等,要从原文各个组成部分之间的相互联系以及原文与其生态环境各因子之间的相互联系去理解原文,才能将新闻题材的文体译好,确保目标读者接收到正确的信息传递。

例如,“Reagan's more-guns-less-butter budget (*The New York Times*)”这则新闻标题可译为“里根预算:多一些枪炮,少一点黄油”,译文不仅在语言上保留了源语的原汁原味,而且充分体现了中西方文化的差异性,如用 guns 来指代“军事(开支)”,我国伟人毛泽东主席在指挥八路军作战时提出了“枪杆子里面出政权”的号召,因此在中西方文化语境下,用 guns 指代军事,对于中西方读者来说都很容易接受;俗话说“民以食为天”,要搞好军事等,必须解决好人民的“吃饭(温饱)”问题,butter 黄油在西方文化中则是“粮食、食物”的代名词,西方人最常吃的一道早餐就是

bread and butter,因此上下文中,用 butter 黄油指代“食物(开销)”再恰当不过,然而 butter 是西方人常见的事物,对于中国老百姓来说 oil 豆油更为亲切一些,然而考虑到上下文语境的需要,译者保留了源语文化的特质,采用直译的方式进行处理,保留了原文的异国情调,也能实现很好的信息传递效果,并能引起中西方读者的心理共鸣。同样,“Russian Reform—Old Wine in New Bottle”这则新闻标题译为“俄罗斯改革——新瓶装旧酒”更符合西方读者的审美需求和审美心理,因为 Wine 是西方饮食文化的重要组成部分,而中国代之以“茶”,如果考虑到目标读者群体为中国读者,则译为“俄罗斯改革——换汤不换药”更符合中国读者的表达习惯和审美情趣,使中国读者一目了然。

再如,“A Tale of Two Debtors”这则新闻标题是《经济学家》2000 年 1 月 22 日版封面文章的题目。作者巧妙地借用英国著名文学家 Charles Dickens 的代表作《双城记》的标题,翻译的时候,用“两个欠债国的故事”,使文章显得幽默,更有文学底蕴和文化内涵。“Britannia Rues the Waves”这个标题是套用或改写英国海军军歌“Rule, Britannia”中的叠句——Britannia rules the waves(不列颠统治海洋),将 rules(统治)改为 rues(悲悼),意在讽刺日益衰落的英国航运业。从英语角度来看,这是一个非常成功的仿拟(parody)修辞手法,因为 Rules 与 Rues 读音几乎一样,意义却相去万里,所以不难想象富有幽默感的英国人看了标题会有何种感受。“To Save or Not to Save”这个标题显然借用了莎士比亚《哈姆雷特》中的名句“To be or not to be”,如果读者不了解中西方文化差异,不了解莎士比亚的文学作品,就不能领会该句的深层含义和理解新闻标题的内涵,也就无法领会到作者用典(allusion)的巧妙之处。

以上例子的巧妙翻译离不开译者自身的文化素养和翻译功底以及翻译过程中对译文文化空缺的巧妙增补。因此,新闻翻译不能仅仅局限于语言的文字和概念维度的翻译,还需考虑到源语与译语的文化差异性以及语言的文化内涵,只有体现出英汉语言文化的不同，才能跨越文化的差异与障碍，达到沟通交际的目的。

三、交际维度新闻英语翻译的适应性选择转换

新闻翻译中如果出现国人可能不太熟悉的有关信息、文化背景知识以及不符合国内读者阅读习惯的表达方式，译者要揣摩源语作者的表达意图进行必要的变通，该删则删，该增则增，使新闻语言的翻译达到及时有效传递新闻资讯的交际目的。正如刘宓庆先生在《文体与翻译》中说的："即使是明白、易懂的新闻标题，我们在汉译时也常需加上逻辑主语，或电讯中有关的人的国籍、事件发生的地点等，总之必须增补介绍性、注释性词语以利中国读者的理解，避免读者产生误会。"例如，在"Florida Court Oks Proposed Office Smoking Ban"这则新闻标题中，谓语动词使用了 Oks 的一般现在时形式，属于词类的转换用法，但如果将其直译为"是的"，新闻标题就会表达不畅。因此译者应分析新闻语言的表达意图进行转译，译为"佛州法院通过办公室禁止吸烟提案"，这样译文既符合源语要表达的意图，又符合译语的表达习惯，读起来更通顺地道。再如，"Pioneer Colleges Face Axe"这则标题中 Axe 一词本义为"斧头"，如果译者不了解这一词语的文化内涵以及作者的交际目的，就容易望文生义，理解为"一些实验院校面对斧子"，这种奇怪的翻译只会让读者摸不着头脑，不知其所云；因此必须充分了解 Axe 一词的文化内涵以及与 Face 搭配使用生成的新的词汇意义，由于英语中 get the axe 表示"解雇"的意思，因此经推敲上下文语境和源语交际意图，将其译为"一些实验学院面临裁削"更易被读者接受。由于汉语的行文讲究对仗和押韵，因此在新闻英语翻译过程中，译者也要适当考虑汉语的表达习惯和行文习惯，适当采用增补信息的方式处理译文，使之更好地发挥交际和信息传递功能。例如，"Tourism Up and Violence Down, Jamaica says"译为"牙买加称，旅游业蒸蒸日上，暴力犯罪日益减少"，源语中借助 Up 和 Down 两个介词完成述谓功能，不

能简单译为“上”“下”,而应通过理解源语的表达意图,将介词词类转化为动词,且应考虑译语的翻译生态环境和目的语读者的行文表达习惯,译成合仄押韵的“旅游业蒸蒸日上,暴力犯罪日益减少”,使译文更容易被大众所理解和接受,可谓是“翻译整合适应度”最高的译文。

译者在交际维度的选择性适应和适应性选择还体现在某些修辞手段的运用方面,通过这些修辞手段的灵活运用,有效化解译语语言匮乏或语塞的尴尬,合理弥补翻译空缺现象,使译文顺利完成源语作者的表达意图,实现译文的交际目的。例如,“Some Street Lamps in Wuchang Blinded.”使用拟人手法将其译为:武昌部分路段路灯“失明”; 将“Both ends of Films to be Shortened.”译为:片头片尾该“减肥”;将“Public Transport Signpost Gives Wrong Directions”译为:公交站牌“说胡话”。以上例子通过拟人化的修辞手段进行翻译,既使译文生动形象,又符合目的语读者的审美习惯和表达习惯,收到一箭双雕的表达效果。再来看下面一则新闻标题,“Town Head in Columbia Killed.”意思是“哥伦比亚小镇镇长遇害”,这样翻译未尝不可,但如果考虑到新闻文体标新立异、吸引读者眼球这一交际目的,不妨适当使用修辞手段进行改译,如汉语讲究押韵和音节对仗可将其译为“哥国镇长不好当,当着当着就挨枪”,这样通过信息增补的方法使译文逻辑合理,节奏明快,合仄押韵,朗朗上口,虽在文本层面脱离了原文的形式,但达到了原文的交际目的,可称得上是比较完美的译文。再如,“Soccer Fans in Senegal Can’t Afford World Cup Tickets”,字面意思是“塞内加尔球迷支付不起世界杯的足球票”,如果直译也行得通,但如果仔细研究 Afford 一词,可以发现该词除表达“买得起、支付得起”外,还有“承受得住考验或压力”之意,因此可译为“塞国球迷‘看不起’世界杯”,“看不起”一词加了引号,收到一语双关的修辞效果,一方面是实指用法,指世界杯足球门票太贵,塞国普通球迷苦于“囊中羞涩”,难以支付得起;另一方面是喻指用法,“看不起”还有“瞧不起、蔑视”的意思,暗指塞国球员战绩不佳，令国人失望之意。

下面再来看一则有关“天气预报”的报道：

UK Outlook

There will be a change to cooler weather. Monday will be cloudy with some rain in the North and the West but sunshine and showers elsewhere. As a deep depression moves into northern Scotland on Tuesday rain will spread across all areas with strengthening winds.

(*Sunday Express*, October 13, 1991)

乍一看，源语的标题表述不够明朗，Outlook 有“展望或景色”之意，UK Outlook 直译为“展望英国”，如果脱离下文语境，读者可能猜测这是一篇有关英国未来经济或社会发展前景的报道，这种理解完全可以，但仔细阅读下文发现，出现大量有关天气变化的词汇，如 cooler weather, cloudy, sunshine and showers, rain, strengthening winds，因此新闻标题译为“展望英国”不能实现原文的交际意图，必须进行改译，如果译为“联合王国天气预报”则更符合交际目的和文本生态语境。根据这一翻译要求，原文可译为“本周内，天气将会变得更加凉爽。星期一，北部和西部地区阴间有雨，其他地区晴，有阵雨。星期二，随着一股较强的低气压进入苏格兰北部，全国各地将普遍降雨，风力渐强。”其中，a deep depression moves into northern Scotland 中的 depression 一词也不可直译为“大萧条”或“情绪低落”而应根据天气预报的表达意图和文体语境转译为“低气压”更为妥当。

新闻标题通过运用各种修辞技巧，既有效地传递一些微妙的隐含信息，又使读者在义、音、形等方面得到美的享受。因此，在翻译时应尽可能地体现原文修辞特点，如双关、比喻、押韵等，使译文和原文在修辞上基本吻合，从而让译文读者得到与原文读者近乎一样的感受。

综上所述，平易朴实、简单易懂，信息的真实性和准确性是应用文体创作和翻译的根本要求，也是新闻文体翻译的必然要求。

译者在追求完美译文的过程中必须不断努力,充实自身的双语语言能力以及提升自身的文化素养和文学积累,深入了解不同民族的文化传统、审美标准、思维方式、地域差异、生物种类和气候条件等生态环境诸因子,有必要对原文在语言、文化、交际这三大维度进行选择性适应与适应性选择,采用适当的翻译策略对原文进行适当的改写或变通以便创造出"多维度整合性选择"程度最高的译文。

第九章　应用文体翻译的生态学视角:影视翻译

在国际文化交流日益频繁的今天,影视作品的文化传播功能不容忽视。尽管我国对进口影片仍有配额的限制,但国外影片特别是美国影片的不断引进使中国观众欣赏外国影视作品的机会也越来越多。然而,在我国能看懂英文影视原作的人为数不多,这使影视翻译的作用显得尤为重要。

第一节　影视文体的概念及分类

钱绍昌曾说:“影视语言不同于书面文学语言的五个特点:聆听性,综合性,瞬间性,通俗性以及无注性。”以下主要从三个方面来解析影视文体。首先,瞬时性。电影的台词在电影播放中演员只演绎一遍,观众在观看电影画面同时需要迅速地观看字幕并聆听配音,而不能重复观看。对于字幕翻译者来说,字幕的翻译应该做到译文简洁明了,一目了然。其次,通俗性,电影作为一种大众传播媒体,语言必须符合广大观众的欣赏水平,过于简单的内容会使观众感到无趣和乏味,过于深奥的内容会使观众感到枯燥难懂。最后,简洁性,电影台词大部分以对话的形式体现出来。台词中很多内容的翻译要符合口语对话简明扼要的特点。

《电影艺术词典》在“翻译片”的条目中指出,在翻译外国影视作品时有两种途径:一是“译配解说”,二是“译配字幕”。通常来说,影视翻译中最常见的两种策略就是配音(dubbing)和字幕翻译(subtitling)。从语言学的角度,字幕翻译可分为语内字幕(intra-lingual subtitling)和语际字幕(inter-lingual subtitling)。语内字幕翻译并不需要把一种语言转换成另一种语言,而是把话语转换成了文本,这样改变了说话的方式(mode),但语言并没有改变。有时也把这种字幕翻译称为“垂直字幕翻译”(vertical subtitling translation)。语际字幕翻译是在保留原声的情况下,把源语译为目的语,并将目的语同步地叠印在屏幕或图片下端的过程,有时也把这种字幕翻译称为“对角字幕翻译”(diagonal subtitling translation)。从字幕的内容上看,电影的字幕翻译因原文本的内容与性质不同,分为显性电影字幕翻译和隐性电影字幕翻译。显性字幕翻译主要指对原文本人物的话语、对白等的翻译;而隐性字幕翻译是指提示性内容的翻译,如对时间、地点、物品等一种解释说明性的翻译。

影视字幕翻译是明显不同于口译和笔译的翻译活动,其复杂性与源信息的多渠道传播有密切的关系。蒙娜·贝克涔曾经对影视作品这种复合体做还原分析,把其分解为四个信息道:第一,言语听觉信道,包括对话,背景语言,歌词等(The verbal auditory channel,which includes dialogue and background voices and maybe lyrics);第二,非言语听觉信道,包括音乐,自然声响,音响等(the non-verbal auditory channel,which is made up of natural sound,sound effects,as well as music);第三,言语视觉信道,包括添加的字幕标题以及画面上出现的书面符号(The verbal visual channel,comprising the sub-titles and any writing within the film,as for example,letters,posters,books,newspapers,graffiti,or advertisements);第四,非言语视觉信道,即影片的画面构成及其播放流(The non-verbal visual channel,with include the composition of the image,camera positions and movement as well as the editing which controls the general flow and the mood of the move)。从语篇方式来看,字幕翻译主要是有口头向书面的转换,除了在以书面这种语篇方式表现口头言语交际上本身存在的限制外,还存在着传播载体的技术限制,主要为时间、空间以及语言

形式等因素的制约。

第二节 影视文体的基本特征

一、影视文体的瞬时性特征

“电影是一种声音和画面相结合的视觉与听觉的综合艺术形式。”在观赏影视作品时，观众在接收视觉信息的同时接收听觉信息，而这些信息都是转瞬即逝的。影视作品中人物的对白是瞬时性的，没有重复，要求观众根据剧情发展和上下文情景进行一定程度的推测，且要求一遍就能听懂。因此，语言的通顺达意显得尤为重要，如英国电影《呼啸山庄》中有这样一个片断：“Isabella：It's a brother's duty，dear Edgar，to introduce his sister to some other type than fops and pale young poets. Edgar：Oh，you want a dragon？ Isabella：Yes，I do. With a fiery mustache.”如果直译为“依莎贝拉：这是一个哥哥的义务，亲爱的埃得加，你总不能把自己的妹妹介绍给那些花花公子或弱不禁风的年轻诗人吧。埃得加：哦，你该不是想嫁一个龙骑兵吧？依莎贝拉：是的，还长着火红的大胡子。”观众便会感到费解，因为在中国文化中，“龙”是吉祥的图腾，象征着“至高无上的权威”，我国古代皇帝披“龙袍”，中华儿女亦将自身比作“龙的传人”，因此“龙”是神圣的象征。而在西方文化中，“龙”的意思是 monster，是邪恶的化身，因此如果将 dragon 翻译成“龙骑兵”则会使中国观众费解，使其产生错误联想，误认为“龙骑兵”就是“皇家骑兵”之意。因此，考虑到语言的瞬时性特点，进行文化背景的注释显然不合适，译者不妨将该句意译为“哦，你该不是想嫁给一个野蛮人吧？”这样观众便很容易接受和理解。

二、影视文体的口语化特征

不同于其他文学作品，影视作品的语言主要以口语而非书面语为主，鉴于观赏影视作品的群体广泛，年龄结构和学历水平不同，要求影视语言要通俗易懂，符合大众的文化期待和审美情趣，因此影视文体及其翻译具有通俗化和口语化的特点，如影片《蝙蝠侠》中的一段对白："Batman：How much do you weight ? Vicky：About 120 pounds，I think. Batman：Hold on. Vicky：AAH！OOH！"译为"蝙蝠侠：多重？维其：120磅吧。蝙蝠侠：抓紧。维其：啊！噢！"可见，影视文体的语言主要以口语为主，简洁明了，通俗易懂，译文也相应具有很强的口语化特点。

三、译制片中口型的制约性特征

一部译制片的成功有多种因素："除了原剧本和演员的表演之外，剧本的翻译与配音演员的再表演起着重要的作用。"电影译文除受制于文本因素、文化因素和交际因素，还要受到时间因素、演员口型、字幕字数等因素的严格限制，最重要的因素就是演员与译员的口型的制约性。一般说来，口型的制约与尊重表达习惯并不矛盾，一旦两者出现不可调和的矛盾，一般来说应遵守"放弃口型的吻合，尊重译文的表达习惯"的原则。以下是电影《飘》中的一段对白："Mammy：You done had a baby，Miss Scarlett，and you ain't never goin' to be No 18 and a half inches again. Never. And there ain't nothing to do about it."译为"奶妈：你生过孩子了，小姐，你永远也不能回到18寸半了！永—远！我—没—有—办—法！"译者在处理源语与译语时，充分考虑了文本的特殊生态语境和制约因子，既要确保文本层面任务表达意图的地道传达，同时要考虑人物对白的口型不能有太严重的"违和感"，因此巧妙地结合奶妈口型的开合程度，运用"—"这一符号来对口型，"永—

远！我—没—有—办—法！”，再结合配音演员栩栩如生的配音效果，巧妙解决了口型开合度和人物对话内容传达之间的矛盾，使演员、译者与配音演员的劳动完美结合，演绎出精彩的配音效果和栩栩如生的银幕形象。

四、影视文体的文化性特征

由于中西方语言文化背景的差异，英文影视作品中常常出现大量的典故、俚语、双关语等文化知识，这对译者的文化素养和翻译能力提出了挑战。译文如果不跳出语言层面的限制去挖掘语言背后隐藏的文化知识和文化内涵，译文的表现力就得不到认可，往往会让中国观众产生误解、曲解，进而降低译制片的艺术性和欣赏价值。因此，在翻译过程中，译者应具备基本的跨文化交际意识、语言文化差异意识及转换意识，对于普通观众能够理解的影视语言，可采取直译法，既能保持原文的特色，又能借鉴外来语言；对于观众不易理解的晦涩之处，则应挖掘语言背后的文化因素，采用意译、转换意象等方法将人物表达的基本意图和主要信息传递给观众。例如，美国电影《刺杀肯尼迪》中检察官 Jim Garrison 在法庭上的一句台词“We've all become Hamlets in our country?”中的 Hamlets 一词文化内涵非常丰富。众所周知，Hamlets 是莎士比亚四大悲剧中的人物，鉴于“哈姆雷特”在中国几乎家喻户晓，因此在翻译时完全可以直译，以保留原句的异国情调。而在《阿甘正传》中，阿甘有这样一句独白：“From that day on，we were always together，Jenny and me like peas and carrots. She taught me how to climb.”译文为：“从那天起，我们总是在一起。我们形影不离。珍妮教我爬树。”这里，like peas and carrots 很显然是明喻的修辞格，如果直译成“像豌豆和胡萝卜一样”容易给观众造成理解上的障碍和误会。我们都知道，在欧美国家，豌豆和胡萝卜经常搭配在一起做菜，原文用此比喻形容两个人关系亲密无间、形影不离，也寓意故事的男女主人公过上了幸福的生活，因此在翻译过程中，译者使用意译法进行处理，使译文流畅，逻辑性强并易于观众理解和接受。在影片《闻香识女人》中有这样一段对白："Slade：So，what are you doing here，in this sparrow-fart town？ Charlie：I. I attend Bird."译文为："史雷德中校：那么，你到这个狗屁小镇来干什么？查理：我，我来博德学院读书。" Sparrow-fart直译为"雀屁"，汉语中没有这样的表达方式。推敲人物对白的上下文语境不难发现，史雷德中校无非想表达小镇之渺小，有轻蔑和瞧不起之意。因为从语义层面理解，麻雀本身就是鸟类中最为普通和渺小的鸟，"麻雀屁"自然更是微不足道，而汉语中想要表达类似意思恰好有个类似的词儿，就是"狗屁"。虽有不雅之嫌，但对于人物表达意图的传递和避免文化差异引起的理解偏误却是至关重要。因此在翻译时，译者进行了意象的转换，保留了原文的风格，表现了片中上校故作粗鲁无礼的态度。有时由于文化的空缺，电影对白中常常出现不可译的现象，这时译者可采用放弃不译（或零译法）的方法，如在《神勇飞鹰》有这样一段对白："Cynthia：We've checked you out，Timmy. Juvenile offender record as long as Constitution Avenue. 辛希亚：我们查过了，蒂米。你的犯罪记录有厚厚一大叠。"译文中Constitution Avenue指的是华盛顿市的一条大街，如果直译，不为中国观众所熟悉，但如果使用类比法意译为"中国的长安街"，又容易产生文化的错位。因此，不妨采用零译法进行处理，as long as Constitution Avenue无非是表达"犯罪记录特别多，卷宗长得像宪法大街"，因此意译为"犯罪记录有厚厚一大叠"最为通俗易懂。

五、影视文体的修辞特征

影视文体作为一种特殊文学体裁也具备独特的修辞特征，如常常使用仿拟修辞格；仿拟是一种巧妙、机智而有趣的修辞格，它有意仿照人们熟知的现成的语言材料，如成语、谚语、俚语等，根据表达的需要临时创造出新的语、句、篇来，以使语言生动活泼，妙趣盎然。以英语为本族语的人们在日常交际口语中经常会熟练而自然地运用仿拟修辞格，不仅能够增强语言的表现力，许多时候更可以表达特殊的语用含意。例如，下面一段对白："Father:I love you. Mother:I love you too. Father:And I hope there are 30 more. Mother:Well,that makes one of us."这段对白摘自美国电影 *License to Wed*，是女主角 Sadie 的父亲在其结婚三十周年庆祝宴会上和妻子的一段对白。某版本译文如下："父亲：我爱你。母亲：我也爱你。父亲：我希望我们能再活三十年。母亲：啊，我也是这么想的。"译文貌似顺达，也符合人物在结婚 30 周年纪念日上真情告白的生态语境，但仔细推敲，观众便会发现对白与母亲说完这句话时全场宾客不约而同放声大笑这一语境之间的"违和"现象，难免产生疑问"宾客为什么会放声大笑呢？"重新推敲人物对白不难发现，译文对 Sadie 母亲所说的 that makes one of us 这句话理解有误，该句是由英语习语 that makes two of us 仿拟而来，意为"我也这么想"或"我也有同感"。本片此处当父亲说"And I there are 30 more"时，母亲本应说 that makes two of us，但她却有意将 two 改成了 one，译成"那只是你的一厢情愿"，无非是跟父亲开了一个言不由衷的玩笑以调节晚会气氛而已，因此使得宾客哄堂大笑。从常识上分析，母亲也许不希望再活三十年看到自己老态龙钟的样子，因为对于女人来说衰老是一种巨大痛苦和残忍的现实。因此，把 that makes one of us 译为"那只是你的一厢情愿"能更加准确地传达母亲的语用含义。

第三节　影视翻译的制约因素

影响影视翻译的制约因素有很多，主要包括：第一，空间因素：字幕翻译受空间的限制。具体指字幕的字数，行数，银幕的大小等方面。电影字幕翻译必须根据演员的口型和屏幕的规格大小决定字幕的行数和字体的大小。由于电影字幕与演员说话出现的时间是完全一致的，因此字幕的长短对观众欣赏影片有很大的影响。对字幕翻译者来说，字幕的翻译应该做到译文简洁明了，一目了然。第二，时间因素：影视字幕受时间因素的制约主要有两个方面：一是影视的声音或图像持续的时间。二是影片中画面持续的时间。电影中人物对话时间的长短与电影画面的停留时间是一样的。浏览字幕的时间会出现差距是由各种原因导致的，如观众理解能力差异、文化差异、知识面差异等。这种种原因以至于观众在同一时间浏览同一行字幕时会读到不同的信息，产生不同的感受。因此，这就要求影片字幕要恰到好处，而影视字幕的翻译亦如此，不能过长，也不能过短。译者必须选用常用词、常用字，用短小精悍、灵活多变的句式，在有限的时间和空间里实现信息的传递。译文和原文长度必须一样；译者须将每一句中文的字数译得和外文句子的音节数基本相同。例如，“He is a university student.”可译为“他如今在大学里念书。”“He came from D. P. R. K.”可译为“他是来自朝鲜的。”这样处理，使源语与译语保持字数、音节和格律的基本对等，更易于观众理解影片内容。

第四节 中西方文化思维差异与影视字幕翻译

翻译的本质主要涉及差异性问题——不同的思维方式、不同的行文习惯、不同的文化等，语言的独特性使然，正是由于语言之间存在着差异性，所以有时会出现一些不对等的现象。如美国英语中的 You can say it again 译为“你的话对极了”或“说得好”而并非“你可以再说一遍”，You don't say 表示“真的吗”或“是吗”，而不是“你不要说话”，这两个例子说明了语言的形式与内容之间出现了不对等现象，而这种现象更频繁地出现在电视剧或电影台词的翻译中。

由于中西方文化背景，思维方式和语言习惯的不同，其语言表达方式也存在着巨大的差异。因此，译者在了解了电影片名翻译的生态环境后，应仔细考究其所表达的含义，并根据译语读者的语言表达习惯，充分发挥自身的主导作用，适当地调整词汇，转换语言形式，从而避免直译后晦涩拗口，甚至造成观众误解现象的发生。从中英文影片片名的语言层面看，两者都比较简短，名词或名词短语占主导地位，但同中又存异：英文电影以人名、地名、数字等局部细节命名的较多，表达直白；中文影片青睐四字格，顺口悦耳，以烘托影片主题为主。例如，影片 *Sherlock Holmes* 中文译名为《福尔摩斯》，而非《夏洛克·福尔摩斯》。虽然这位大侦探的姓福尔摩斯与名夏洛克都为大家所熟知，但最终译名选择了四个字的《福尔摩斯》，朗朗上口，简单明了。*My Fair Lady* 被译成《窈窕淑女》，*Gong With the Wind* 被译成《乱世佳人》等，短小精练，深受中国观众的欢迎。再如：

White Sister《空门遗恨》

Lady Hamilton《忠魂鹃血离恨天》

You Can't Take It With You《浮生若梦》

The Story of Louis Pasteur《万世流芳》

Lucky Lady《风云龙虎凤》

The Divine Lady《薄命花》

English Patient《英国病人》《英伦情人》

The Third Man《第三者》《第三个人》

The Day After Tomorrow《后天》《末日浩劫》

The Godfather《教父》

The Wizard of OZ《奥兹国历险记》《绿野仙踪》

Waterloo Bridge《魂断蓝桥》

Madison County Bridge《廊桥遗梦》

Pretty Woman《风月俏佳人》

Speed《生死时速》

The Net《网络情缘》

中文的语言之美在诗词中往往能得到完美的体现，而结构上的对称和发音上的押韵也是诗词展现自身独特魅力的两个重要特征。例如,影片 *Blood and Sand* 若直接译为血与沙,缺乏意象美,想必会让观众对其接受度和热情大大减少,而如果译成《碧血黄沙》这样的对称结构,便会增加中国观众对影片的期待。

第五节 影视台词翻译中的文化传递

由于中西方文化背景的差异,影视作品中包含大量的文化因素,如成语典故、民谚格言、双关语、歇后语等。在翻译过程中,对译者造成很大障碍。英语电影台词翻译中的文化传递主要包括两个方面:第一方面,即文化移植,任何电影的主题故事都是发生在具有一定文化底蕴的情节中,观众只有了解或理解其中的文化才能更好地理解电影的主题。台词的翻译不仅是语言本身意义的转换,更是两种不同语言所存在的文化之间的相互沟通和交流。第二方面,即文化转换,不同的语言是不同文化发展的产物,每种语言都反映其独特的文化底蕴,因此在翻译电影台词的过程中要在文化维度上对译文进一步衡量,对不同文化内容进行相应的转换,使观众能够理解其语言背后的文化内涵,使译文适应影视语言生态环境而具有强大的生命力。

影视作品的台词和字幕蕴含丰富的文化知识,熟悉以英语为母语的国家的诸如历史、宗教、政治、地理、军事、外交、经济、文艺、科学、风土人情、民俗习惯等方面的社会文化有助于译者正确理解原文,并完美地表达原作的思想内容和传递原作的文化信息,使译文被观众所理解和接受。例如,下面这段话:"It is a way, he says, of paying tribute to the rock'n'roll era that had a huge impact on him as a child. So why did the idea come off the backburner and on to paper and then celluloid? Celebrity burnout is the answer. Hollywood's man with the golden touch had had a string of box-office success, from Sleepless in Seattle to Toy Story and Apollo 13, and had won Oscars two years in succession, for Philadelphia and then Forrest Gump."句中包含许多文化背景知识，如 rock'n'roll 即 rock and roll，该词于 1951 年因著名的电台音乐节目主持人艾伦·弗里德的首次使用而广泛流传，译为"摇滚乐"；backburner 一词不可望文生义地理解为"背面燃烧器"，这会造成源语语义的阻塞，实际上该词的意思是"次要地位、一时不重要的地位"；而 golden touch 不是"碰金子"而是"点金术"的意思；句中包含一系列影视作品专有名词，如 Sleepless in Seattle, Toy Story, Apollo 13, Philadelphia 和 Forrest Gump 均是电影片名，译者不但要意识到这些专有名词的含义，而且要掌握电影片名的翻译技巧，使用通俗而贴切的译名使读者更好地理解文本的内涵；而根据上下文语境，Oscar 应为美国好莱坞电影奖。译者如不了解这些词语的文化内涵，就很难将这段文字的信息进行恰当的翻译，也极易使读者产生误解。因此，要求译者要充分了解这些文化因素并在翻译过程中用适当的翻译技巧和语言表达形式进行翻译，将其译为"他说这是颂扬那个给童年的他带来巨大影响的摇滚乐时代的一种方式。那么这个想法怎么会由一个不起眼的念头变成了文字，然后又变成了电影呢？答案是名人精疲力尽了。这位点石成金的好莱坞宠儿由《西雅图夜未眠》到《玩具故事》和《阿波罗 13 号》，获得了一连串的票房成功，并因《费城的故事》和随后的《阿甘正传》连续两年问鼎奥斯卡奖。"便使源语中生僻晦涩的专有名词和影视术语有机融合到译语的生态语境中，从文化和交际的维度使这些生态因子更好地适应影视翻译的生态环境，使得译文明晰流畅，通俗易懂。

电影台词翻译是一件长期而且艰难的工作，想翻译好一部电影并非易事。要想成功地翻译好一部英文电影，不但要求译者要精通英汉两种语言并具备语言文化差异意识，而且要有足够深厚的西方文化底蕴，译者需要处理好翻译中的文化现象，对所翻译的电影背景要有充分的了解，熟知一些方言、谚语、俚语等的表达，才能在翻译过程中得心应手，使这些文化背景因素成为辅助译者和观众理解影片源语思想内容和文化内涵的桥梁。

第六节　生态翻译学三维转换视域下的影视翻译

电影是继文学、音乐、舞蹈、戏剧、绘画、雕塑之后的第七艺术(夏衍)。在电影字幕翻译中,一方面必须尽量译介原文本文化的语言特色,吸纳译语的表达特点和表达习惯;另一方面又必须恪守本族文化的语言传统,用具有译语文化色彩的词语来翻译原文本,在翻译过程中要注重语言的艺术性,同时兼顾影视语言要素在文化维度和交际维度上的适应性选择转换。

一、语言维度上影视翻译的适应性选择转换

由于中西方文化背景,思维方式和语言习惯的不同,其语言表达方式也存在着巨大的差异。因此,译者在了解了电影片名翻译的生态环境后,应仔细考究其所表达的含义,并根据译语读者的语言表达习惯,充分发挥自身的主导作用,适当地调整词汇,转换语言形式,从而避免直译后晦涩拗口,甚至造成观众误解。

电影的字幕翻译必须考虑到观众语言水平的高低、所受教育的不一,必须以目的语的观众为中心,采取正确的翻译策略。直译能吸收外来有益的新因素,能更加反映异国的事物及情调;意译则更能让译语观众接受。不论采用哪种翻译策略都要本着以观众为中心的基本原则。

从等效原则的角度看,译者应该把影响信息接收的各种语言和文化因素都放在考虑之列。英语重形合,汉语重意合。英汉语言的不同特征决定了字幕翻译经常涉及词类的转换,具体表现为两方面。

一方面,汉语善用动词,所以英译汉时,英语中的非谓语动词、名词、介词、形容词、副词有时需要进行词类转换,多用汉语的动词来表达,这样才符合汉语的行文习惯,让中国观众对影片的

理解产生与源语观众相似的效果和共鸣。例如，影片《小鸡快跑》中："Pushy Americans! Showing up late for every war! Overpaid, oversexed and over here!"译为"大老美最爱秀，每回战争都最后才来。又贪钱又好色，还跑到这儿来搅和！"译文中，形容词pushy、现在分词词组showing up、过去分词overpaid和副词over在汉语译文中都处理成动词，增强汉语句子的表现力，使译文简明易懂。另一方面，影视翻译中还应注意抽象词与具体词之间的转换。"中国人重直觉与具象而西方人重理性与逻辑"，这一思维方式的差异导致语言的差异，中国人说话喜欢具体的表达方式，而西方人喜欢抽象的表达方式。所以在英译汉时，有时需要将英文中抽象的表达方式转换为汉语中具体的东西，才能让中国观众借助字幕，准确地理解影片的内容和感受语言的魅力，如《小鸡快跑》中："Old stupid worthless creatures!"译为"不会下蛋的东西！"崔迪太太咬牙切齿地咒骂那群母鸡是"worthless"，按照语境，这一抽象词译成"不会下蛋"更为具体，且更符合汉语的表达习惯。

英语电影对白中还有一种很有趣的表达现象，就是把本来应该用于谈论人的修饰词语用以谈论物，或把用来修饰物的成分去描写另一物。例如，"Why do you look at me with an air of surprised disapproval?"译为"你干嘛以不同意的样子看着我，显得那么吃惊？"在这句话里，从词语搭配上看surprised是修饰名词disapproval的，但实际上这是典型的转位修饰，surprised不指disapproval，而是you。修饰词语的转位在电影对白中具有强烈的修辞效果。它以明快简洁而又活泼的词汇表达了细致微妙的思想感情，文体效果强烈而又出人意料，颇有四两拨千斤的作用。

二、文化维度上影视翻译的适应性选择转换

因电影的字幕翻译在时间和空间上的限制，原电影中存在许多具有浓厚文化色彩的词语以及一些特殊的语言形式，因不同语

言民族文化上的空缺和不可代替性，这些文化元素大大增加了电影字幕翻译的难度。影视翻译过程中，处理字幕翻译中的文化信息主要有三种原则：文化补偿(cultural compensation)原则、文化移植(cultural transplantation)原则和文化协调(cultural mediation)原则。文化补偿原则旨在保存和介绍异域的文化特色，使观众对不同语言和文化的电影有较为深入的了解。文化移植原则下，译者需舍去源语的文化特色，恪守本族语的行文规范和表达习惯，使字幕读起来比较地道和生动，使字幕更容易被观众理解和接受。文化协调原则下，译者应尽可能减少源语和译语中文化信息的丧失，通过协调转换减少跨文化交际的冲突。译者在处理字幕翻译中的文化信息时，须注意到这三种策略和原则的运用，应与电影画面有机结合起来，充分发挥图片的说明性和解释性，达到文化交流的目的。

影视台词字幕主要有以下几大基本特征：瞬时性、通俗性、综合性、聆听性与无注性。在欣赏影视作品时，观众不仅接受视觉信号，而且吸收听觉信息，而这些信息随着影片的播放是转瞬即逝的，即影视作品具备瞬时性的特点，因此对观众提出很高的要求，尤其是在欣赏国外影片时，要求一遍听懂看懂，因此影视翻译对于外国观众至关重要；与大多数文学作品不同，影视作品主要通过银屏字幕和人物对白传递影视信息，而且人物对白题材广泛，涉及生活的方方面面，诸如法律、政治、经济、文化、宗教、文学、艺术、体育、科技等，因此具有综合性的特点，对于译者来说，造成很大困难。例如，“没来这之前，我遇到一个贵人，她送一坛酒给我，她说——叫‘醉生梦死’，喝了之后，可以叫你忘掉已做过的任何事。”可译为“Someone I met recently gave me this bottle of wine. She said this wine is magic. One cup and you'll forget your past.”此句中，译者对“醉生梦死”这句成语进行化解，取其上下文语言环境中的意思而非字面意思进行意译，使得译文通俗易懂。再如，“十五，有雨，土黄用时，曲星，宜沐浴，忌远行，冲龙煞北。”涉及中国古代的玄学以及占卜等文化知识，可译为“The 15th day of the seventh lunar month. Rain. According to the almanac. The Rain Star brings trouble. The Star of Talent presides. Time to cleanse. Avoid leaving home. Malignance in the North. ”

由于电影字幕翻译受时间和空间的限制，所以缩减法对于影视翻译非常重要，所谓缩减法是指译者根据实际情况将一些无关紧要甚至多余的信息压缩、简化、甚至删除，从而减少观众对信息的加工处理，达到言简意赅的表达效果。除删减不必要的信息外，使用信息浓缩度高的语言也是达到减少观众加工努力的有效方法。在某些情况下，译者还应对字幕对白按照意群或语法单位进行切分。例如，“秦王：刺客残剑，刺客飞雪，素来联手行刺。”可译为“Flying Snow-and Broken Sword have teamed up for assassination. ”；再如，“They don’t cover anything when they put it in the fridge. They just stick it in and leave it there till it walks out by itself.” ——《西雅图夜未眠》。原译：“他们把东西放进冰箱时却不盖上，丢进去后就一直放到有东西从里面爬出来。”显然这句台词的翻译让人费解，观众不免会有这样的疑问“是什么东西从里面爬出来呢?”这种译文不符合现实情况和人们的正常思维，因此必须进行改译，译为：“男人最邋遢，东西放到生蛆。”这样的译文便符合电影的语言环境，观众就很容易理解了。

中文拥有四字格的语言表达优势，因此在字幕翻译中适当运用四字格是值得提倡的。“四字格有三大优点：从内容上讲，它言简意赅；从形式上讲，它整齐匀称；从语音上讲，它顺口悦耳。”（冯庆华，2002：112）。例如，“Rhett：I think it is hard winning a war with words，gentleman?”可以借用中国的成语对人物语言进行概括，译为：“瑞德：各位，我认为纸上谈兵没有什么用。”

此外，字幕翻译中，如果字幕给出的信息不足，则会使观众搞不清楚影视内容。因此，在许多情况下，需要译者发挥其主动性和主体优势对语义进行增补，加入必要的文化背景信息，以使观众更好理解影片的文化意蕴和主题。例如，电影《豪门恩怨》中有这样一句台词“Clinton：I’m her father. ”被译为“克林顿：我是她爹。”就更符合中国人对长辈的称谓，也使译语符合中国文化的生态语境，更易被中国观众所接受。再如，《上帝也疯狂》（第三部）中的台词“Sister：What's wrong with you?”可译为“修女：你有什么不妥？”影片《马戏团疑案》中的台词“Heroine：You son of a bitch gone back on your words!”可译为“女主人公：你这畜生，说话放屁！”影片《浮华世家》中的台词“Connie：You wanted blood …and you got it.”可译为“康尼：你不要太平，你如愿了。”电影《杰茜》中的台词“Jessie：Memories are wonderful… and the good ones… stick to you like glue.”可译为“杰茜：回忆是美好的，（而）好的回忆……将伴你终身。”以上台词在翻译过程中既照顾到语义的对等又同时兼顾了汉语的表达习惯，使用了中国观众的习惯表达和惯用成语，如“如愿”“伴你终生”等，使中国观众易于理解，增强影片的可读性和艺术性。

再如，影片《一见钟情》中的对白：“Stephania：Have dinner with me tonight. Michael：All right. And tomorrow night … and every night… for the rest of your life.”译为“丝黛芬妮：今晚陪我去吃饭。迈克尔：好啊，只要你愿意，今生今世，天天一块吃。”将主人公的承诺“for the rest of your life.”用中国人惯用的承诺“今生今世”来翻译，凸显出影片故事情节发展的高潮，深化了影片主题。在影片《一见钟情》中，安娜说：“We were… in love. We used to meet in secret…. It was like Gone with the Wind, but there was no tomorrow.”句中提到一部经典影片 *Gone with the Wind* 即《乱世佳人》又译为《飘》，熟悉该影片的观众都知晓故事的结局，因此将这一专有名词及其文化背景内涵译为“分手、爱情烟消云散”更为合适，可将原句译为“我们……相爱了，常常秘密幽会；可不久便分手了，一切烟消云散。”

三、交际维度上影视翻译的适应性选择转换

影视字幕翻译是指在保留影视原声的情况下将源语译为目

的语而出现在屏幕下方的文字，影视语言以口语化为其主要特征，而语言的使用目的在于完成交际活动，因此电影字幕翻译不仅意味着两种语言符号的转换，也是一种文化内容转换成另一种文化内容的过程，并以实现一定的交际目的为宗旨。此外，字幕翻译必须在和源语话语大致相同的有限时间内完成信息传递，因此瞬时性是制约影视文体翻译及其交际目的的重要生态因子。生态翻译学要求译者在翻译过程中不但要遵循语言纬度的适应性选择，而且要发掘语言背后的文化现象及其内涵，进而实现影视文体翻译从人物到译者再到观众的信息传递和交际目的。

电影字幕翻译主要承载对白内容的翻译，台词的风格直接影响影片中人物形象的塑造，因此字幕翻译应根据不同类型的电影选择适合的语言风格，才能让译语观众对说话人的风格享有与源语观众相似的感受。对白语气的再现主要通过对词汇的翻译来实现，有时还须借助于特殊标点符号的使用。以美国影片《小鸡快跑》为例。首先，影片中外号的翻译生动地传达了角色说话时的语气。金洁在与洛奇争吵时将其叫做 fiyboy，译文“大情圣”，把她对洛奇的反感表现得非常明显。另外，有些词的翻译必须配合动作和声音的长度才能传达出当时的场景和语气。例如，当洛奇第一次被大炮射出误冲到崔迪养鸡场时，他飞在半空中口里喊着：“Freedom!”一头栽落在金洁面前还不忘做一个手势。翻译时加上破折号则把声音拉长“自——由——了——”，表达了洛奇的兴奋。

综上所述，电影对白的翻译不同于文学作品的翻译。在实际翻译中无法做到绝对的“忠实”。在翻译的过程中，除了要考虑影视作品的语言特殊性之外，还要考虑观众的因素。另外，每行字幕必须在屏幕上停留足够观众扫视的时间，时间的制约要求字幕译者必须要采用缩减的翻译策略。字幕翻译经历从口语到书面语的转换，语言必须通俗易懂兼具清新简洁。字幕翻译既具有其独特性，同时也有其他领域的共性。在翻译过程中应该注重技巧的使用，遵守相关翻译原则。采取灵活多样的翻译方法，既要做到以“信”为本，又不盲目求“信”。要达到这种境界，还需要电影翻译者付出创造性的劳动。电影字幕翻译的核心要素是语际信息的传递与文化的转换，它受到多重因素的制约。译者应依据等效翻译原则，应用语气再现、词类转换、文化意象转换等基本技巧，才能保证字幕翻译的正确性与实用性。

第十章 应用文体翻译的生态学视角:法律翻译

相对于文学文体翻译而言,应用文体翻译更注重信息传递,实现诱导功能,具有很强的时效性、目的性和实用性。这些特征使应用翻译标准具有其明显个性。法律文体作为实用性非常强的应用文体,多涉及当事人的利害关系及重大司法问题,其行文要求措辞精准、逻辑严谨、语言规范、文体庄重等,法律词汇不容许歧义现象,苛求表述及语义精准等,因此法律语言具有庄重、保守、复杂的行文特征。这些行文特征构成法律文体翻译的重要生态环境,译者作为翻译活动的主体,必须尊重并适应法律文本的生态环境,并在翻译过程中做出适应性选择及三元维度转换,才能使译文符合法律翻译的基本规范和要求,产生翻译整合适应选择度最高的译文。

第一节 法律文体的概念及基本特征

一、法律英语

法律英语(Legal English),在英语国家中被称为 Legal Language 或 Language of the Law,即法律语言。英美法学界所公认的法律英语主要是指律师、法官、法学工作者所使用的习惯语言,它包括规范性法律文件用语以及法律工作者在执法过程中使用的一整套规范化的法律公务用语。法律英语一般可分为书面语和口语两种。通常所说的法律英语是指法律书面英语，即起草法律文件(法律、条约、协定、契约、合同、章程、条例、公证书、判决书、招标书等)所使用的语言。由于法律文书通常用来规定人们的权利和义务，所表述的内容必须用词准确、结构严谨、逻辑严密、客观规范，法律英语有其与众不同的文体特点。

广义而言，法律文体通常包括宪法、法律、行政法规、条令、条例、条约、合同书、协议书、契约、遗嘱、文凭、各类证书、规程等。这些内容都以法律文书的形式固定下来，即以文字的形式固定下来。这类专用于法律文书的语言，具有一定的特点，所以称为“法律语言”。

二、法律文体的基本特征

严肃庄重的法律语言是各种文体中要求最严谨的一种，而英语中的法律法规在措辞方面十分考究：不用小词而用大词，不用短词而用长词，不用普通词而用特殊词，不用现代词而用古代词，不用本族语而用外来语。法律文体在用词方面具备遣词造句准确明了、经常使用专门的法律术语，用词庄重，多用大词等特点；在句法方面具有严谨、规范、紧凑、连贯性强、不松散等特点；在结构方面，法律文本有其自身的程式，不求标新立异，各国法律文件的格式统一，行文笔调一致，篇章结构有统一要求，尤其是同类文本的开头结尾部分几乎是一致的特点。

(一)法律文体翻译的词汇特征

法律文书的语言是强调指称功能的，即强调其外延性意义，因此具备语言表述明确、行文严谨、条理清晰、逻辑性强、格式规范等文体特点。由于英汉两种语言的结构方式和表达方式上的差别，在翻译时既要注意保持原意又不使译文过分艰涩难懂，让译文明确，又合乎法律文本的规范，严谨而不死板。

由于法律文件主要是下命令及做出规定，因此法律文件的谓语动词结构比较简单，最常见的是“应该……”，“可以……”，“必须……”，一般采用英文中与之对应的，也是英文法律英语常用的谓语动词结构 should/shall/may+do/have done/be done。

法律语言具有权威性的特点，它排斥语言表述或用词上的多义性与歧义性。一些日常生活中使用的普通用语在法律文体中具有更为明确的概念含义。例如，infant 本意指“婴幼儿”，而用在法律上则指 21 岁或 18 岁以下的人；demise 一词在日常英语中有许多意思，如“死亡、终止、失败、职位的丧失”等，在法律上，它专指“财产的转让”，或称“让渡”，或“遗赠”，如指“死亡”亦是专指引起财产或权力转让的死亡。每一个法律术语只能表达一个特定的法律概念，法律术语的词义必须单一而固定，任何人在任何情况下必须对其有同一的解释。不仅法律专门术语要求词义单一，由民族共同语转化而来的法律词汇也必须表达单一的法律概念。有些民族共同语属于多义词，但是其中一个义项在法律语境中有特定的法律含义，这种法律词汇也被称为“人工法律术语”。例如，assignment 在法律语境下表示“权利或财产的转让”，而不表示在日常用语中的“任务”的含义，deed 不是日常所说的“行为”，在法律语言中指的是“契约”。由此可见，一些常用词汇在法律语境下被赋予了特殊的含义，再来看以下几组例子。

常用单词	一般文体含义	法律文体含义
action	行动	诉讼
alienation	疏远	转让
consideration	考虑	对价
counterpart	对方、对手	有同等效力的副本
satisfaction	满意	清偿、补偿
execution	执行	签署、签订

而一些表达基本意思的常用词在法律语境下应转换为特定的法律术语或习惯表达。例如：

日常用语词汇	法律文体词汇
make	render
want	need
require	need
subject	topic
matter	question
home	residence
live	reside
imagine,picture	visualize
begin	commence
wish	desire
work	function
place	locality
tell	acquaint
refer	advert
work (*v.*)	function
by itself	in isolation
consideration	factor
show	evince
give	denote
think	consider
begin	commence

Martin Joos 根据语言使用的正式程度,认为语言可分为五种变体:庄重文体(the frozen style)、正式文体(the formal style)、商议文体(the consultative style)、随便文体(the casual style)和亲密文体(the intimate style),而法律英语属于这五种英语文体中最庄重的一种,即庄重文体(the frozen style)。

法律英语在用词方面具备独特的文体特点,如大量使用法律专业术语、正式书面语及行业套话;经常使用古词语和外来词,以突显法律语言的庄严性；多用近义词和相关词语并列，增强法律条文的严谨性；普遍使用命令词和情态动词，体现法律法规的权威性；名词重复频率高，代词使用频率低，以使法律条文表述精准，指代明确，避免产生歧义或纠纷。具体来说，法律英语词汇方面的特点主要表现为以下几点。

1. 大量使用法律专业术语

在法律英语中，在用词方面最体现其文体特点的是使用大量的词义精确的专业术语。例如，appeal（上诉），cause of action（案由），bail（保释），burden of proof（举证责任）等。还有许多词在法律语境中的含义与在普通英语中的含义截然不同，掌握它们的用法对于翻译法律文件也至关重要。例如，action 的一般含义为“行动”，而在法律术语中的含义为“诉讼”；avoidance 的一般含义为“逃避”，而法律术语含义为“宣告无效”；save 的一般含义为“节省，救”，而法律术语含义为“除了”等。

2. 使用正式的书面语

因为法律自身的客观公正性，法律英语在用词方面通常使用正式书面语，如表示“根据……”时用 in accordance with 代替 according to，表示“在……之后”时用 subsequent 代替 after，表示“与……一致”时用 in consistency with 代替 be consistent with，表示“遵守……”时用 in compliance with 代替 comply with。其他还有 be deemed to，in question，in respect of，in case，be liable for，provided that，otherwise，in the event that 等书面语，体现出法律语体的庄严性。

3. 经常使用行业套话

行业套话的使用是很多专业英语的特色，法律英语也不例外，如 or any similar cause（或任何类似条款），without prejudice to（在不损害/ 不违背……的原则下），words in the singular include the plural and vice versa(单数词包含其复数,反之亦然),not to be considered as the starting of a new action(不应视为提起新的诉讼),both language versions shall be equally authentic(两种文本具有同等效力)等。

4.大量使用古体词

古词语可以使法律公文更加简练、庄重和神圣,使法律语言具有很强的文体特色。这些古体词多为副词,而且多以复合型副词为主,主要由here,there,where加上after,by,in,on,of,under,to,upon,with等词构成。例如,以here开头的词有:hereupon(于是),hereunder(下文),hereto(至此),hereof(在本文中),herewith(与此一道),herein(于此),hereafter(今后),hereat(由此);以there开头的词有:thereupon(在其上),thereunder(在其下),thereto(此外),thereof(由此),therewith(随即),therein(在那里)。这些词语常出现在法律条文中,而在其他英语领域中,这类词语已很少出现。

5.经常使用外来词

法律英语词汇在词源上大量收录采用了拉丁语、法语、德语和西班牙语中的法律词汇,如inquria(不法行为),alias(别/假/化名),nota bene(注意,留心),vis a vis(面对面),estoppel(禁止翻供),force majeure (不可抗力),ad hoc (特别,临时),lex situs(物所在地法),plaintiff(原告),vice versa(反之亦然),prorate(按比例),prima facie(表面的,初步的)等,充分借鉴其他国家先进合理的法律法规,不断完善自身的法律体系,并进而丰富了法律语言系统。

6.常使用类义词和近义词并用

法律专业术语中存在许多类义词,是因为法律所面向的是整个社会,其调整的对象是全体公民、法人、机关团体等各种各样的法律关系。而表示法律关系的概念必然有大有小，有属有种。在使用这些概念的过程中，为了明确其外延的范围，就要从不同的角度，不同的层次上根据其各自不同的属性进行门类的划分，然后用适当的词加以确定，以避免理解上的任意扩大或缩小，于是产生了不同层次上的属概念和种的概念，而表示这些概念的词语就是不同层次上的类义词。

在法律英语中，我们还常见到以下近义词并用的现象：rights and interests（权益），able and willing（能够并愿意），terms and conditions（条款），purchase and sell（购买和销售），by and between（由……并在……之间），and/or（和/或），cover and include（包括），complete and final understanding（全部和最终的理解），customs fees and duties（关税），losses and damages（损坏），covenants and agreement（契约和协议），null and void（无效），sign and issue（签发）等。这种近义词汇并列使用的目的是追求词义的准确性和内容的完整性，体现出法律英语的复杂性和保守性，因此在使用和翻译过程中不能随意将其拆分。

7.普遍使用命令词和情态动词

由于法律文件的权威性和约束性，用词通常带命令语气。因此，在法律英语里，情态动词 shall，may，must，should，ought to 等频繁出现。通常，may 表示“可以做什么”（用于规定当事人的权利），shall 表示“什么时候应当做什么”（用于规定当事人的义务和责任），must 表示“必须做什么”（用于规定强制性义务），may not 或 shall not 表示“不得做什么”（用于规定禁止性义务）。在法律文体中，shall 一词具有特殊含义，表示“应当承担的责任和义务”，带有指令性和强制性，可以用于各种时态，充分体现了法律文件的权威性和约束性。should 在法律问题中，不表示法律义务，只表示一般义务或道义上的义务，一般译为“应该”或“应当”。例如，“如在解释上遇到分歧，应以英文本为准”，可以译为，“In case of any divergence of interpretation, the English text shall prevail.”又如，“合营企业的一切活动应遵守中华人民共和国法律、法令和有关条例规定。”可译为“All the activities of a joint venture shall comply with the provisions of the laws, decrees and pertinent regulations of the People's Republic of China.”

再如，“本新区内外商投资企业生产的出口产品，除国家另有规定的产品之外，免征关税。”可译为“Export products manufactured by foreign invested enterprises in the New Area, except those under other existing regulations by the State, shall be exempted from Customs duty.”

再来看一则英译汉的例子，“Unless it is legally or physically impossible, the contractor shall execute and complete the works and remedy the defects therein in strict accordance with the contract to the satisfaction of the engineer.”可译为“除法律或外界条件不允许的情况之外，承包商应严格按合同施工和竣工，并改正工作中的任何缺陷，达到工程师满意的程度。”

8. 名词重复频率高，代词尽量少用

在普通英语中，为了使句子更加简洁或避免重复，经常用代词来代替前面出现过的名词。但法律英语正好相反，考虑到法律条文的严密性，为避免引起歧义，除用作形式主语、宾语的 it 以外，尽量用重复的名词，很少使用代词，尤其是指示代词和不定代词等。同时，在法律英语中较少使用形容词和副词对名词进行修饰，尽可能保证句子结构明晰，以免给双方当事人带来不必要的误解甚至产生纠纷。法律文体中代词的使用限制严格。法律英语中，指人或物的词往往而不使用代词，以避免代词指代不明而引起不同的理解与解释。例如，“The Author should bear the cost of any necessary fees for textual and illustrative permissions but the Publishers agree to pay such fees on the Author's behalf up to an agreed maximum amount and may deduct the same from my sums that may become due to the Author under this Agreement.”在该条款中，当事人 the Author 被重复三次而没有使用泛指人称代词 he 来代替，其目的显然是为了表达更为精准和明确，避免使当事人产生误解。

（二）法律文体翻译的句法特征

法律英语的句法表达也体现出自身的特点，如常使用被动语态代替主动语态，体现法律不以人的意志为转移的客观性；大量使用名词化短语使句式表达更加凝练明晰；构句时结构复杂的长句使用居多、分词短语比较常见、时态和修辞手法比较单调等，充分体现出法律语言的严谨性和庄重性。从句式使用上来看，法律文体大都采用陈述句，很少使用疑问句、祈使句和感叹句。完整的长句的使用可以准确界定这种权利和义务关系，排除被曲解或误解的可能性。在句法方面，法律文体长句多，几十个字、上百个字的长句司空见惯。为了使话语严谨，使用各种附加语、修饰语、说明语，以至句法成分前后编插、枝杈横生，句子结构膨胀，语法关系复杂。

1. 常见被动语态

为了突出法律的客观公正性，减少主观色彩，法律英语句子中大量使用被动句，这些被动句既可以翻译成带有“受、被、让、由”等表被动意义的汉语被动句，也可以用汉语中的主动句、无主句以及“是……的”判断句等来表示，反之亦然。例如，“对储蓄存款利息所得征收个人所得税的开征时间和征收办法由国务院规定”，可翻译为“The commencement date for collecting individual income tax on proceeds from interests on savings and deposits, and the collection method shall be provided forby the State Council”。例句中汉语带“由”的被动句翻译成了英语的被动语态。

2. 大量使用名词化短语

法律英语的另一个句法特征是经常使用名词化短语表达法

律文体精细复杂的概念,翻译成汉语时可转换成主谓结构、动宾结构或短句,如"Any departure from the terms and conditions of the contract must be advised in writing"可翻译为"任何与合同条款相背离的地方,都应以书面形式通知",译文中的名词 departure 不应直译为"离开"而应翻译成动词"与……相背离"。

3.结构复杂的长句居多

为体现法律语言的严谨性和规范性,避免引起歧义,准确无误地表述各种法律文件,法律英语的句子结构通常比较复杂,长句较多,包含很多的从句和修饰成分,如定语从句、状语从句、分词、动名词、介词短语和不定式等。翻译这种结构复杂的长句时,通常要对句子的语法结构进行分析,理清脉络,然后按照主从关系进行翻译。一般来说,有两种方法:一种是基本上按英语原句的结构顺序翻译,另一种是按汉语的时间顺序和逻辑顺序进行翻译。

4.分词短语比较常见

现在分词和过去分词短语在法律英语中很常见,一般充当定语和状语。翻译成汉语时,做后置定语的分词短语一般可译成前置定语,有时也可以译成补语或一个分句;充当状语的分词短语则经常译成状语从句,如"… the import and sales of the commodity covered *by this agreement*"和"of the goods supplied *by party A* under this agreement",这两个例句中斜体部分的过去分词短语都做后置定语分别修饰前面的名词,翻译成汉语的前置定语"本协议中的"和"甲方供应的"。

5.时态和修辞手法比较单调

法律英语在时态的使用上通常多采用一般现在时,用以阐明事实、确立规范、规定权利和义务等,有时也使用一般过去时、现在完成时和一般将来时。法律英语中虽然有时也使用一些修辞手法，如强调、重复、定义、列举和平行结构等，但与文学语言和其他语言相比，修辞手段还是比较单调。

第二节　生态翻译视域下的法律文体翻译

众所周知，法律的内容和用语是十分严谨、规范、专业且逻辑性极强的。这是出于其功能需求和应用情况所决定的，因此进行法律文献方面的翻译活动时，应充分发挥译者的主体性，从法律问题的基本特征，如客观性、严谨性、专业性入手，对生态翻译环境进行适应并做出选择，充分考虑法律文本的语言因素、文化因素以及交际因素，在三重维度之间做出适应性选择转换，进而形成多维整合适应度最高的译文。生态翻译学的原则为“多维度适应与适应性选择”，其翻译方法概括为“三维转换”，即在翻译原则下，相对集中于语言维、文化维和交际维的适应性选择转换。

一、语言维度的适应性选择转换

（一）语言维度上法律文体翻译要忠实于原文

由于英语法律文书具有庄重、保守、矫饰等特点，所以在翻译过程中要注意所使用的汉语的语体，首先应避免使用语义模糊、弹性较大的口语化的词汇；选择庄重正式的汉语词汇。其次，可以酌情选用一些汉语文言连词及其他一些文言虚词。这样，才能尽量保持法律原文的韵味。

（二）法律文体翻译要遵循原文的固定程式

由于法律文书语言确凿、力避歧义的特点，所以法律文书往往需要法律专业人士实践、检验和改进。长期以来形成了固定的程式。在翻译过程中,译者必须了解法律文本的程式化特点,对生态语言环境进行适应性选择转换,使译语符合法律文体的表达习惯和约定俗成的格式,使译文表达更为专业和标准。

(三)法律文体翻译的用词要注意书面化的语体特点

随着社会的发展和历史的变迁,很多行之有效的法律条文都以书面语形式得以保留下来,因此法律文本多表现为书面语形式;在翻译法律文件时,一定要对法律文本理解透彻,掌握深层次的含义,才能从结构入手,进行分析和表达。语言是表达的关键,必须做到"信",以维护法律文件的权威和尊严。

法律文书庄严、精练,其翻译也不同于一般行文的遣词造句,而应使用精密、明确的语言,尤其是一些法律术语的翻译,必须使用专门化的行业用语来阐述以保持和保证语言的一致性、精准性和专业性。每一个法律用词都有它特定的概念,其他词语不能代替使用。法律用词也来自于生活,但它一旦进入法律范畴,作为术语出现时,只能保留它的一个义项。例如,remedy 意为"治疗、疗法、医药"。但在法律文书中,它表示"法律规定的,执行、保护、恢复权利的方法,或补救权利所受侵害的方法,包括支付损害赔偿金(compensation)、强制令(injunction)、依约履行的裁定(specific performance)、法院宣告(declaration)"。

因此,译者在进行法律文书翻译时应仔细考虑词语的常用意义和法律术语意义,充分考虑翻译的整体生态环境,对词语进行选择和调整。不同语系的语言在表达上差别很大,翻译时有章法可循,有规律可参,但句子的结构也不能完全拘泥于翻译理论。法律文书语言繁复,力求详尽而无遗漏。为避免分散句子产生歧义,法律文书多使用复杂的长句,即将相关内容全部安置在一个句子当中。这样,读者不必花心思去核实,译者需要考虑到政治和文化差异,将之译为 rule by the people。而中国人深受孔孟之道影响,君臣父子以及三从四德的思想深刻提醒大家,我们都是社会的一员,与人为善和谐相处是首要任务。政治的运作依靠的是自下而上地进行参政议政，这都是一种纵向的民主。法律文书翻译时，译者应当充分发挥其主体性，做出相应的调整，译为 the ruling people。

"间接对应"指法律文书翻译中同一概念的内涵和外延不尽相同，但又近似。汉语中的"法"表示"律"，表示"刑"。例如，《说文解字》："法，刑也"；《尔雅·释诂》："刑，法也"；商鞅变法将"法"改"律"，称之为"均布"。而西方文化中的"法"还含有"正义""规律"之意，如"droit""law of nature"。由此可见，中文的"法"注重强制性的制裁和处罚，而英语中的"法"，更强调规律性和权力性。那么法律文书中的"法制"翻译，就要求译者充分考虑翻译生态环境中的各个因子，确切表明其含义。如果是名词，表示"法制制度"，译者应将其翻译为 legal system；如果是动词，表示严格执法，应翻译为 rule of law。可见，译者不是被动地、机械地进行语言对应，而是充分发挥对原文的理解和沟通作用，发挥主体性积极参与译文的构建。

二、文化维度的适应性选择转换

文化维适应性选择转换要求译者在翻译过程中关注汉语文化和英语文化在性质和内容上存在的差异，关注语言所属的整个文化系统。法律文化即为针对法律体系的公共知识、态度和行为模式，它是一般文化的组成部分，它由多种叠加重合的文化构成，一部分具有地方性，一部分具有普遍性。弗里德曼曾经指出法律文化是一种令人眼花缭乱的陈列（a dizzy array of cultures）。正是这种纷繁复杂的多元观念使得法律文书翻译较之一般翻译更为艰难，译者在法律文书翻译中主体性发挥更要考虑复杂的翻译生态环境。它不仅要求译者熟悉语言结构的异同，还要考虑法律文书的不同使用特征和社会文化规范，以及各种法律概念的外延与内涵，适应汉语和英语所呈现的翻译生态环境。不同的语言体系之所以能够翻译在于语言的共性，即其共同的"功能对应物"

(functional equivalents),翻译的语言之所以有差异在于语言的个性,即语言的所指和内涵不同。

语言是文化的表现形式,法律文书也是法律文化的表现形式。各个国家之间的法律文化也同时具有共性和个性。结合法律文化和法律英语,法律文书翻译的功能对应物可分为"重叠对应""零对应"和"间接对应"三种。"重叠对应"指法律文书翻译中的功能对应物呈现出交叉对应的状态,即只有一部分甚至小部分出现重叠,翻译时需要认真考究具体的翻译生态环境因子,联系上下文进行分析和阐释。例如,"人治"和"法治"在英汉语言中的内涵意义呈现出交叉对应。中国深受孔孟之道的影响,伦理道德色彩非常明显,认同"人之初,性本善",法律存在于传统的道德体系之内,在治国之道上从未出现过真正的法治;西方国家坚持人性本恶,相信"原罪"(origin sin)的存在,认为人生而俱来始祖犯罪所遗留的罪性与恶根,提倡法治,以维护道德人格和宗教制度,保护人民的权利并限制行政权。因此,在不同的语言体系中,人治和法治有不同的内涵和外延。但两者又有相同之处,都注重伦理道德与法律权威的关系,"人治"并非将个人专断与独裁置于法律之上,法律才具有凌驾一切的地位,各行政机关、法律制定者和执行者都必须遵守。因此,在翻译中,译者需根据生态环境因子,充分发挥其主体性,予以一定的"理念援助",以恰当地表达相关概念。"零对应"指法律文书翻译时找不到相互之间的"功能对应物"。英汉两大语系的产生和发展受地理、历史、政治、文化的影响而不同,一部分法律概念呈现出空缺的现象。同样的用语在不同意识形态的国家表达不同的含义。例如,中国的"民主"与美国的 democracy 含义存在差异。在美国人眼中,民主就是有千千万万个个人平等地参与选举,选出自己支持的领导人,这种民主是一种横向的民主,翻译由于法律语言的庄严性、逻辑性和严密性等特点,以及法律文书翻译的准确性、规范性、权威性和合适性原则,法律文书翻译非常强调对原文的忠实。较之文学翻译而言,法律文书翻译给译者的主体性发挥空间很小,甚至有学者认为在此译者是完全“隐身”的。根据 Sarcevie 的“法律翻译交际论”，法律翻译是一个发生在法律制定者、译者和法律适用者之间的交际过程。法律文书的翻译就是通过译者完成源语到译语的交际过程。译者处于中心地位并在各种因素交杂的环境中发挥主导作用，包括对原文的选择、翻译技巧的运用、对译文文化效用和对译语读者接受力的操控，做出“选择性适应”和“适应性选择”。

三、交际维度的适应性选择转换

交际维的适应/选择要求译者在法律文书翻译过程中关注双语交际意图，观照英语读者的知识背景和接受能力，仔细斟酌英汉不同的思维模式和表达习惯，确保实现法律文书英译的交际意图。不同的法律之所以可以互译，其前提为不同法律的术语、概念和意识等之间存在“功能对应物”，这给法律文本翻译带来了可操控性。但是，法律文书必须准确、规范、权威，要求译者完整地传达原文的意义和思想。合格的文书翻译不可能字对字，句对句，译者遵循英汉语言习惯，在保证文书意思明确的前提下，作者还必须考虑读者的接受度，发挥其主体性，对文书进行一定的增补，进行词义扩张，采用描述性释义的方法，对“对等”的部分进行补偿，开展一定的“上下文”来调整和协助读者的接受度。例如：

因债务人放弃其到期债权或者无偿转让财产，对债权人造成损害的，债权人可以请求人民法院撤销债务人的行为。

Where the obligor waived its creditor's right against a third person that was due or assigned its property without reward, thereby harming the obligee, the obligee may petition the People's Court for cancellation of the obligor's act.

译者基于自己的专业意识，在英译本中有意识地加入了 against a third person 这一层隐含义，对法律词汇的法律内涵进行了法律解释,既起到了明示的作用,确保了其精确性,避免了歧义性,又贴合了法律文本严谨的文本特征。在法律文书翻译中,找寻功能对应物是十分必要的,它能在不同的法律系统中提供“理念援助”,可以在不同的背景和语境里,更加恰当地处理相关的概念。翻译是一种复杂的脑力劳动,译者在进行源语语言转换的同时,还需要更加关注该语言所属的整个生态系统,关注双语的内涵平衡,准确规范地做出转换,避免曲解原文。例如,beneficial interest 二字的字面意思不难理解,表示有益的权利。但是,根据法律阐释,财产拥有权可以分为 legal ownership(名)和 beneficial ownership(实)两种,legal ownership 表示有名无实(拥有财产,但根据相关法律只是名义上持有财产的代理物主),beneficial ownership 表示有实无名(实际拥有财产,但根据相关法律,物主为其他人员),因此翻译 beneficial interest 时,不可“化境”求神似,而应洞察法律概念的内涵和外延,遵循规范性原则,使用明确、准确的法律术语,译成“实益权利”才切实地考虑了接受者和原作者的利益,从而达到交际的目的。

法律文书翻译离不开法律的框架,但翻译的重点不在句式的转换而是法律的交流。法律较之文学翻译,法律文书翻译对译者的束缚较多,译者享有的创造性和自由度较小,但翻译终究还是以译者为主体的交际过程,译者主体性的发挥同样决定了翻译质量的高低。大多数法律文书译者既是法律方面的专家,又精通不同语言,他们并不是被动地履行翻译任务,而是在法律的框架内,积极参与与原文本的对话和沟通,并传递、共同起草文本信息。译者的主体性贯穿于翻译活动的整个过程,主要体现在语言、文化和交际三个维度,它们相互关联,不可分割。因此,在法律文书翻译时不能只考虑一个维度,而应将多维度有机结合,综合考虑,准确、规范、权威、合适地对翻译生态中的各种因子做出适应和选择,以求译者和译本获得生存的权利。

第三节　生态翻译视域下法律翻译的基本策略

一、在掌握翻译技巧的基础上做到广泛阅读

在翻译实践中，为提高翻译质量，使译文达到理想的翻译标准，译者必须学会灵活地运用各种翻译技巧，如词义的引申、词的增减、词的重复、词类转换、词序处理、语态的变换、分句和合句、长句和段落的翻译等。但翻译技巧的掌握只是基础，更重要的是要熟悉国内外关于所需翻译领域的常识和发展态势。

由于法律英语翻译同时涉足三个领域，即法律学界、语言学界和翻译界，因此对翻译人员的要求十分苛刻。要成为一名合格的法律翻译人才，不仅需要有扎实的英语基本功和各种翻译技巧，还要熟悉国内外大量的法律专业知识和常见案例。因此，经常阅读有关最新的法律资料是做好法律翻译工作之关键。

二、在熟练掌握专业术语的基础上做到选词恰当

如上所述，翻译法律文件要掌握法律的专业知识，否则难以正确理解原文，也不能用地道的语言来表达原文的涵义。而且，由于英语的特点为“一词多义”，译者在掌握一定的法律专业知识的基础上，还要熟练掌握常用的法律专业术语，在此基础上才能选用恰当的专业术语来表达译文。例如，omission 这个词的普通含义为“省略”，法律术语中的意思为“不作为”；execution 这个词的普通含义为“执行”，法律术语中的意思为“签订”等。

此外，法律英语的同一术语在不同的法律领域里可能也会有不同的含义，需要在掌握其多种词义的基础上根据上下文来理解和翻译，如 dominion 这个词在民法中指“完全所有权”，在国际公

法中则为“主权”等。

三、在理清句子结构的基础上注意文化差异

法律文本因其严谨性，多用结构冗长的复杂句来表达特定的含义。因此，除主谓结构外，还有许多修饰成分，如从句、短语和独立结构等。翻译时需先理清句子结构，然后根据法律文本的特点进行翻译。但有时原文中看起来简单的句子，也可能因为文化背景的不同而导致翻译词不达意。从翻译学理的角度可以发现，法律上的很多文句由于文化背景的巨大差异，而使得其中蕴含的意义在不同的民族之间有着天壤之别，如 solicitor 和 barrister 的翻译，libel 和 slander 的翻译等。

四、在准确理解原文的基础上做到功能对等

法律文件通常具有法律效力，翻译时务必要忠实于原文，不能胡乱猜测，稍有差池，就有可能产生不良的后果。所以，在翻译法律文件时，要彻底弄清原文中法律术语的含义，透彻分析和把握上下文的逻辑关系。在正确理解原文涵义的基础上，尽量使用在本国法律中与原词对等或接近对等的专门术语来翻译。法律翻译除要服从翻译的一般要求——语言功能的对等以外，还应照顾到法律功能的对等，就是源语和译入语在法律上所起的作用和效果的对等。对于无对等的翻译，对原词涵义做正确理解后可以将之译为非法律专业用语的中性词，以免与原有的术语发生混淆。

总之，要成为一名优秀的法律英语译者首先需了解法律英语的文体特点，其次要掌握良好的翻译技巧和大量的专业术语，更重要的是要在准确理解原文的基础上理清思路、选择恰当的词汇、关注文化差异，从而做到语言内容上的功能对等和法律意义上的功能对等。

第十一章　生态翻译学视角下的翻译腔问题

上海海事大学宋志平教授在“生态翻译学的伦理观及对翻译教学译文评判的启示”(2016)一文中指出:“任何译文都是特定翻译生态环境下的产物,所谓错误的译文只是说明译文与生态环境的不相适应。”以译者为主导的翻译活动必然具有创造性和人文性,其在特定翻译生态环境下创造出的译文,必然受到自身文化水平、学术素养、认知水平以及思维方式等主观因素的影响和制约,从而影响翻译的质量和水平。

第一节　翻译腔的概念、成因及表现

一、翻译腔的概念

在《翻译理论与实践》一书中,美国翻译理论家 Nida 首次将“翻译腔”即 translationese 定义为“一种形式上的忠实结果导致不忠实于原文信息的内容和效果”。英国翻译理论家 NewMark 在其著作 *A Textbook of Translation* 中也论及了 translationese 这一特殊语言现象;翻译腔又称为翻译症,是指因译者缺乏中西方语言文化差异及转换意识,忽视了译语的行文习惯与表达规范,生搬硬套源语的句子结构或表达方式以及修辞手段,从而导致源语与译语信息的表层结构移植或机械转换,使生产出的译文土洋结合、不伦不类,难以打动译语读者并为其所接受。translationese 通常用来描述“某种由于明显依赖源语的语言特色而形成的目标语用法，也就是说，它并不会影响到读者对译文的理解，仅仅使其觉得不自然、费解甚至可笑而已。”因此，翻译腔现象的实质是一种文本层面的语言杂合体或混合体，是一种“物理”层面的变化而非“化学”层面的变化，因此属于一种“洋泾浜”。

二、翻译腔的成因及表现

翻译腔在不同语境文化中衍生出不同的变体，如香港英语Honglish，新加坡英语 Singlish，印度英语 Inglish 以及中国式英语(简称中式英语)Chinglish。Chinglish 成为中国学习者语言习得过程中的“头号杀手”，尤以初学者最为典型，突出反映在语言习得的终端环节，即语言输出环节，如翻译和写作方面，翻译腔现象可谓不一而足。“中国式英语”属于一种典型的翻译腔现象。例如，将看过的影视大片(block-buster)译为 big movies，将服装等的最新款式(latest styles)译为 newest styles，将方便面(instant noodles)译为 convenient noodles，将洗手间(bathroom)译为 wash-hand room，想要表达“你身体非常好”(You are very healthy) 结果却译为 Your body is very healthy，想要表达“北京交通非常拥堵”(The traffic in Beijing is very heavy) 结果却译为 Beijing's traffic is very crowded 等。

通过以上分析可见，翻译腔的产生主要是由于英语学习者及翻译者对译语民族的文化背景、风俗习惯、表达方式、思维模式、文化禁忌以及中西方文化差异的认识不足，从而在翻译和表达中忽视词汇的丰富含义、翻译策略不当，忽视译语文化生态环境、生硬翻译，忽视译语行文习惯，选词或搭配不当等，进而出现“翻译腔”现象。在英译汉过程中“翻译腔”主要表现为欧化现象，在汉译英过程中“翻译腔”主要表现为中国式英语；“翻译腔”产生原因及主要表现如下。

(一)选词不慎

由于译者语言能力的差异，在翻译过程中容易忽视译语的行文习惯和表达规范,或是由于英语阅读量、词汇量不足,导致词汇使用上的选词不当或错误搭配,产生翻译腔现象。例如,“我把笔落教室了”被翻译成 I forgot my pen in the classroom,译文中使用 forgot 表示“落下”显然不可取,应该为 left,即译为:I left my pen in the classroom;再如,“饮酒有害健康”被译成:Alcoholic drinks are harmful to your body,译文中 body 使用不当,应改为 health,即译为:Alcoholic drinks are harmful to your health,句子表达才算地道;表达“高速上我的车子爆胎了”时,中国英语学习者往往翻译为:My car tire was broken on the highway,而地道表达英译为:I got a flat tire on the highway.

(二)搭配不当

英汉两种语言体系在词法、句法以及语篇方面都有特定的语言搭配方式。比如,汉语中的成语搭配,英语中的动词搭配、词组固定搭配、介词搭配等,不熟悉或了解英汉语言体系在表达方式及搭配方式上的差异便会在翻译过程中犯低级错误。例如,“学知识”应表达为 acquire knowledge 而不能说成 learn knowledge,“种花养猫”应表达为 grow flowers and keep cats 而不能说成 raise flowers and cats,“做饭”应表达为 cook dinner 或 prepare dinner 而不能说成 make dinner,“便条上写着”应表达为 The note reads… 而不能说成 The note writes… 等。

(三)句式冗长

英语属于形合语言,在表达习惯和构句方式上具备独特的表达特点和优势,可以依靠各种形合手段进行构句,如使用形容词、副词、代词、介词、并列连词、过去分词、现在分词、独立主格结构、关系代词等将细琐的句子成分进行有机整合,从而搭建英语句子的合理框架;而汉语属于意合语言,在表达上不拘泥于形合手段如“和”“与”“或”等,而是借助标点符号将小句连接起来,但不影响汉语句子完整意思的表达。因此,相对而言,汉译英的过程中,英语句子表达往往较长，这也使得一些英语初学者或英语水平较差的学习者在翻译句子时啰嗦起来没完，导致句子冗长，无法突出表达的重点。例如，句子"我们应进一步改善中美关系"常常被译为：We should further improve Sino-Us relations. 因为improve一词本身就含有"进一步提高或改善"之意，因此将译文中的further一词去掉，句子表达更凝练和地道；"这些做法必须严格禁止"被译为：Such practices must be firmly banned. 貌似没什么问题，但仔细推敲发现ban这个词本身就包含"严格禁止"之意，无需增加修饰语firmly，否则句子表达重复且啰嗦；在翻译"昨天我妈妈给我买东西"这句话时表达为：My mum went to the shops to buy things for me yesterday，这是一句典型的"中国式英语"，只需用went shopping即可表示went to the shops to buy things之意。

（四）语法不当

中国英语学习者最常犯的翻译症错误就是语法基础不牢固导致的语法使用不当，常受汉语思维和语言表达模式的禁锢，在表达中出现"because… so…""Although… but…"等连用的情况。例如，"天色已晚他们便回家了"习惯性被翻译为：Because it was too late，so they had to go home 显然 so 在此处使用不当，与 because 表述重复；再如，"从山顶眺望，整个城市非常美"被译为：Looking from the mountaintop，the city appears very beautiful. 显然这句话出现了语法逻辑错误，既然主句主语是the city，那么就应该与"眺望"构成被动关系，因此该句应译为：Seen from the mountaintop，the city appears very beautiful. 才符合逻辑；又如，下面这句话的翻译"有二百多位嘉宾出席派对"译为 There are more than 200 guests took part in the party，此翻译虽然从文本层面与源语一一对应，但表达上显得蹩脚，原因在于There are的使用使句子出现双重主谓结构，不符合英语语法规范，因此是典型的"中式英语"句。

（五）文化差异

人类的生活及其行为活动总是在一定的自然环境与社会环境中发生并深受周围环境的影响，因此其思想意识、行为方式、思维方式、情感方式都必然打上民族文化的烙印。了解中西方文化差异并具备转换意识对于搞好翻译至关重要，如在中国人眼中"龙""虎""凤""喜鹊""麒麟"等都是吉祥的图腾和权威的象征，但在西方文化中却不尽如此，如中国人喜欢喜鹊而讨厌乌鸦，认为"喜鹊喳喳叫，喜事要登门"，而认为乌鸦的叫声意味着"丧事"或"霉运"要来临，然而喜鹊(magpie)在西方文化中却没有那么多积极意义，往往表示"说话喋喋不休"或"爱唠叨的人"；因此缺乏文化差异意识和跨文化交际意识容易导致翻译过程中"翻译腔"的产生，如翻译成语"胆小如鼠"不能译为 as timid as a mouse 而应说成 be chicken-hearted，成语"淋成落汤鸡"不应直译为 as wet as a drowned chicken 而应说成 as wet as a drowned rat；翻译"孩子不许看黄色书籍"不能译为：Children should not watch yellow books，"看黄色书籍"应该说成 read porn books，显然如果不了解文化差异便会望文生义，误译为 yellow books；再如，中国人见面打招呼常问"吃了吗?""上哪儿去了?"这种情况下如果直译为"Have you eaten?""Where have you been?"显然西方人会觉得莫名其妙，难以理解说话者的意图，其实无非是日常见面打招呼的问候语，西方人见面打招呼一般用"How are you?"因此直接译为"How are you?""How are you doing?""How are things?"等更符合表达意图和表达习惯。

（六）思维模式差异

不同的民族，不仅有各自不相同的民族文化，而且还有彼此不同的思维方式、思维特征、思维风格等，这便是思维差异。英语属于印欧语系，汉语属于汉藏语系，英语表达属于直线型思维，而汉语属于曲线型思维，相对而言，表达更为含蓄。在翻译中如果译者忽视了英汉思维差异而形成的句式特点，译文就会冗长板结甚至让人费解。例如，“学得有趣，效率就会高；学得很苦，效率就低。”这句汉语如果按照汉语的思维和句式结构进行套译，就会译成：Learn with fun，efficiency will high，learn very drudgingly，efficiency will low. 这样不符合英语词法、句法的结构。正确的译文应该是：Learning is more efficient when it is fun，less efficient when it is drudgery. 又如，把“Mary didn't remember her mother who died when she was two years old. ”译作“玛丽不记得她那在她两岁时死去的母亲了。”同样有悖于汉语表达方式，显得拖泥带水，逻辑不清，如果将其改译为：玛丽两岁时丧母，所以不记得她。句子逻辑关系即刻明朗，读来顺口；再如，句子“墙上的钟走得不准”，也不能按照汉语思维直译为：The clock on the wall doesn't walk accurately，这样的表达显然不符合逻辑，如果改译为：The clock on the wall doesn't keep good time. 更符合英语民族的思维方式和表达习惯，译文也因此更易被受众群体所接受。

第二节　翻译腔对汉语的影响

由于思维方式的差异，英汉两种语言在语言表达的先后顺序上有很大差异。汉语的句子表达以逻辑为序，往往先因后果，先假设后推论，先叙事后评论，时间顺序上由远及近，空间顺序上由上而下，由大到小，谈论问题由主及次，程度上由强到弱，由一般到具体。而英语则借助丰富的词形变化、形合手段和关联词语等，根据表达意图和句子结构的需要灵活安排，在叙事的顺序上往往先说最近发生的事，再说以前发生的事。翻译腔对汉语的影响主要有以下三个方面。

一、对汉语时间先后顺序的影响

汉语的语序大体上按照时间先后顺序，围绕事件本身的发展组织语言，而不是以人物为中心。汉语注重的是一件件事顺着时间顺序进行，而事件中的人物相对处于次要位置。而英语要求主谓在形式需保持一致的关系，这与汉语有很大的不同。所以，如果一个英语长句子中包含多个动作，在译成汉语时，须将它们打散，按照时间顺序重新组织，若按照英语顺序汉译下来，便不符合汉语时间先后顺序，会对阅读和形成正确的汉语语感造成困难。

二、对汉语从上到下、从大到小、从整体到局部的空间顺序的影响

汉语的空间顺序符合人观察周围世界的逻辑顺序，从上到下，从大到小，从整体到局部。而以定语从句、状语从句为主的英语多是限制与修饰的关系，并不在意空间的上下、大小等顺序。所以在翻译中，如果英语原文里有着大小不同的范围，在汉译时，若不按照汉语的空间顺序将其重新排列，亦容易出现翻译腔的问题而打乱汉语的空间顺序，影响其本身的通顺。

三、对汉语按照事物发展顺序的语序影响

汉语一般是按照事物的发展顺序组织语序，先因后果，先假设后可能，先条件后结果。所以，汉语的从句都是“从—主”结构，即表示原因、条件、假设等一律在前，表示结果的一律在后，只有把原因、条件等看作对情况的补充说明时，才将它置于句子的后半部分。而与汉语不同，英语的从句情况复杂，有的以“主—从”为主，有的以“从—主”为主，还有的是两者不分彼此。所以，在翻译的时候，如果照搬英语语序，就会造成汉语的事理顺序颠倒。

第三节　“中国式英语”的成因及表现

随着经济全球化与网络科技的发展与进步，中国的对外开放

程度日益加深，中国与国际的交流日益增多，越来越多的中国人加入外语学习中，特别是在 2008 年奥运会在中国北京盛大举行之后，学习英语的浪潮只增不减。

“中国式英语”即 Chinglish，也叫“中式英语”，指带有中文词汇、语法、表达习惯的英语表达，意思是汉语与英语机械组合而成的混合语。在使用英语时，因受汉语思维方式或文化习俗的影响而拼造出的不符合英语表达习惯的、生搬硬套汉语规则和表达习惯且不符合英语交际规范与文化习惯的畸形英语，这种英语往往对英语国家的人来说是不可理喻或不可接受的。例如，a bed of roses 安逸的生活(非玫瑰花圃)，goose flesh 鸡皮疙瘩(非“鹅肉”)，eat crow 被迫出丑(非“吃乌鸦”)，horse sense 基本常识(非“马的意识”)，busybody 爱管闲事的人(非“大忙人”)，confidence man 骗子(非“有信心之人”)，brown study 沉思冥想(非“褐色的书房”)，golden opinions 高度的评价(非“金色的观点”)等。

国内大学英语语言能力测试以及专业四、八级考试及非专业四、六级考试中，翻译与写作部分得分率普遍不高，究其原因，是由于学生的语言技能和文化素养不高导致在语言输出环节的写作与翻译题型中“表达不出来”或是“表达不地道”甚至“表达错误”，即出现“中国式英语”。中外学者通过比较中、英两种语言体系的结构特征和表达差异，发现在二语习得中，中国学习者学习英语与英语本族人学习英语的机理不同，中国学习者不容易摆脱母语语言表达习惯及其文化因素的干扰和限制，因此在表达中容易“重走老路”，回到母语的思维轨迹和表达习惯上来，造成英语表达上的英汉语混搭，出现不伦不类的“中国式英语”。例如，“My home has a dog”(应表达为“We keep a dog at home”)，“If you don't study hard，you would be backward”(应表达为“If you don't study hard，you would lag behind”)，“We played very happily last night”(应表达为“We had a very good time last night”)，“My exam didn't pass”(应表达为“I didn't pass the exam”)，“He remained alive after experiencing the car accident"(应表达为"He survived the car accident"),"I am determined to raise the level of my English knowledge"(应表达为"I am determined to improve my English")等,都是"中国式英语"的典型例子。

一些学者认为,"中国式英语"是对标准英语的背离,是口头或书面表达的不地道的英语,不符合英语的行文规律和表达习惯,说者的思维方式、表达方法以及词汇的选择和搭配都是中国式的。它是死译、硬译、字对字翻译的结果。与传统英语不同的是,中国式英语是不规范的,有时晦涩难懂,甚至容易产生误解。因此语言学习者应从输出的语言中杜绝"中国式英语",坚持使用标准英语。集英服务社认为:"中国式英语是指中国的英语学习者和使用者由于受母语的干扰和影响,硬套英语规则和习惯,在英语交际中出现的不合规范英语或不合英语文化习惯的畸形英语。这种英语往往对英语国家的人来说是不可理解或不可接受的。"

语言迁移是语言习得中的重要认知因素,也是造成"中国式英语"的主要原因。比较英、汉两种语言,汉语属于汉藏语系,为表意文字系统,英语属于印欧语系,属于字母文字系统。英语作为第二语言在许多方面都与汉语存在很大差异,如在语言结构、修辞方式、学习策略上均有不同,在英语翻译过程中汉语的思维方式不可避免地会体现出来,这就是汉语的负迁移;以上所说的中国式英语就是汉语负迁移的典型代表。汉语在英语习得中起到复杂而重要的作用,中国英语学习者在进行翻译活动中,不可避免地在大脑中唤起母语的系统资源,习惯性地按照汉语的构句特点和表达习惯逐字逐句地进行汉英翻译,有时译者容易倾向于用母语进行思考和解决交际中出现的问题;在翻译过程中,语际间的迁移体现在不同层面。例如,词汇、句法和句子结构等方面。在英语学习中,其过渡语的形成和在翻译中经常出现的非标准的口语方言都是受到母语的干扰而形成的。由于学习者主要生活在母语语言环境中,缺乏相应的外语语言环境,语际间的迁移便成为影响学习者和翻译者语言输出能力的重要因素。因此，译者应努力提高双语水平，充分了解中西方文化差异并具备语码转换意识，通过大量阅读外文资料和大量翻译练习来提升自身语言能力和文化素养，有效克服“母语负迁移”造成的翻译腔问题，逐渐消除“中国式英语”。

第四节 应用文体翻译中的翻译腔问题

随着经济全球化的推进，我国与国际社会在经济、技术、政治、法律、科学、教育等社会生活领域的交流与合作日趋频繁，各类应用文体的翻译在翻译实践中的比重越来越大，学术界对应用文体翻译的理论研究与批评也越来越多。

应用翻译是指应用文本或应用文体在两种语言之间的相互转换。应用翻译所涉及的文本包罗万象，主要包括时政、经济、科技、新闻、商贸、医药、旅游、广告、告示、公函以及其他应用性文体，其主要特点有实用性、专业性和商业性。应用翻译的目的是在目的语文化背景下实现应用文本在源语文化背景中的交际目的。应用文体翻译的过程不仅在语言层面的词、句、段以及篇章发生转换，而且包括文化背景、社会情境和人际因素的承载与传递。在应用翻译过程中，由于译者语言能力水平和文化素养的限制，译者往往只关注语言符号层面的信息转换，容易忽视应用文体的基本特征和文本生态环境，因此在翻译过程中容易受母语负迁移的影响产生翻译腔现象。

以广告文体翻译为例，马自达 6 的广告宣传语为“Harmony of style and performance set this new Mazda 6 apart. Quality are at the heart of every Mazda.”，如果按照汉语的表层意思可以直译为“样式与表现的和谐将新款马自达 6 拆分，质量是每一款马自达的中心”，这种表达很显然是典型的“中国式英语”，虽然文本层面上每个词的词义都一一对应，但语义凌乱，表述不清，而且语体也不合乎广告语言的基本要求；众所周知，商品广告具备信息功能、表达功能、美感功能、推销功能等，广告语言属于呼唤型语言，其目的旨在唤起大众对商品的注意，吸引大众眼球并刺激大众产生消费行为，实现商品的销售目的，因此该句应改译为“款式与性能的和谐统一，卓尔不群的典范之作，以质为本的核心理念，来自新款马自达6”，原句中 set…apart 并非表示“拆分”这一字面意思，而是引申为“使……脱颖而出”之意，因此经过修改和润色后的译文更符合广告语体的基本特征，读来朗朗上口，令消费者怦然心动。

此外，新闻文体翻译中也常常出现“翻译腔”现象。例如，下面这则报道“A potentially danger blunder by police and security authorities yesterday saw the First Lady mobbed by yelling demonstrators during a shopping mall walkabout.”，英语表达非常严谨，如果按照汉语思维进行直译“昨天警方和安全部门潜在而危险的过失看见在一购物中心漫步的第一夫人被示威者包围”，显然句意表达混乱，主次不分，句意不明，严重违背了新闻语体严谨、客观、及时、简明等文体特征，从句法层面和语体层面均违背了汉语语言的表达习惯和新闻报道的基本特征，因此应改译为“昨日，警方与安全部门一时疏忽，险酿祸端——元首夫人在一购物中心漫步时，示威者将其团团围住。”经过对源语逻辑关系的梳理，结合汉语的行文习惯和表达规范，译文逻辑分明，表述清晰，事件突出，更为符和源语的表达意图。

再如，法律文体的翻译，因法律文本是统治阶级意志的体现，具有鲜明的政治性、政策性、严肃性和权威性，因此法律法规的制定和翻译在遣词造句上应力求准确、正式、严谨，法律行文应条理清晰、逻辑性强、用词精准、客观公正，不容许句式拖沓或表述模糊，避免引起不必要的法律纠纷。但在法律文本翻译中，由于英语学习者或翻译人员对法律文献和中西方法律法规的了解甚少，对法律文体的基本特征和行文规范认识不足，因此法律翻译中极易出现“翻译腔”问题。例如，以下这则合同条款“Under a shipment contract, the risk passes when the goods are handed to the carrier. Under a destination contract, risk passes when the goods are placed at the buyer's disposal."对于不了解法律术语和法律语境的翻译者来说，很容易按照母语的思维习惯进行直译，即译为"在运输合同下，当货物交给运输人时危险过去了；在目的合同下，当货物交给买家处理时，危险过去了。"显然，这种译文属于汉语表达方式的生搬硬套，不了解 under 在法律语境下表示"根据、按照"，risk 在条款中指"(运输)风险"，而 pass 在条款中指"(风险)转移"，因此产出的译文拙劣生硬、晦涩难懂，因此应将以上条款改译为"船运合同中，货物一旦转入承运人之手，即发生风险转移；目的合同中，货物一旦交由买方支配，风险便发生转移。"修改后的译文用词精准、表述清晰、逻辑性强且符合法律合同文本语言庄重凝练的文体特征，因此是最佳译文。

第五节　生态翻译学视角下翻译腔的应对策略

清华大学著名教授胡庚申先生提出的"生态翻译学"是一种在"翻译适应选择论"基础上发展起来的全新翻译理论，该理论以生态学视角对翻译进行整体性研究，从生态学的系统论、整体论和发展观的视角透视人类的翻译活动，"是一个'翻译即适应与选择'的生态范式和研究领域"。根据生态翻译论，翻译活动实质就成为译者对翻译生态环境的适应性选择过程，且译者的行为要从三元维度加以考察，即语言维度、文化维度和交际维度，"三维"转换就是指语言维转换、文化维转换和交际维转换，这一视角为翻译研究者和语言学习者克服"翻译症"提供指导和检验尺度。语言维转换就是指译者在翻译过程中对语言形式的适应选择转换，这种转换可以发生在翻译过程的不同阶段、不同层次和不同方面。文化维转换就是译者在翻译过程中关注源语与译语文化内涵的传递与阐释，关注双语文化在性质和内容上的差异，避免从译语文化视角出发曲解原文。交际维转换就是指译者在翻译过程中关注双语交际意图的适应选择转换，要求译者除语言符号层面的转换和文化内涵的传递之外，把重点放在交际的层面的翻译选择转换，侧重源语交际意图在译文中的再现。生态翻译论的“三维转换”原则为应用文体翻译过程中克服和检验“翻译腔”问题提供有效的参考。

一、语言维度上克服“翻译腔”问题

生态翻译学将整个翻译活动置于翻译生态系统之中，强调作为翻译活动主体的译者应充分发挥自身的能动性积极适应翻译生态环境，并在此过程中做出适应性选择。因此，译者不但要适应源语的生态环境，而且要适应译语生态环境，不但要在语言维度考察翻译活动和译品质量，而且要将译文置于文化环境和交际环境中去考察，即在三元维度上（语言维、文化维和交际维）进行适应性选择和选择性适应。语言是翻译活动的载体，因此考察翻译活动的第一元维度即是语言维度。

应用文体中包含许多固定的术语或搭配，同一词汇在不同语境下可能会衍生出不同的词义，而同一词汇的不同搭配也可能在不同语境下代表不同的含义，因此在翻译过程中，译者应具备丰富的词汇量、阅读量、双语表达与转换能力并熟悉各类应用文体的基本特征，以便在翻译过程中做到心中有数、得心应手。英汉互译过程中，因缺乏中英双语差异及转换意识而造成的“翻译腔”问题比比皆是。例如，密码（password）被译成了 secret code，大片（blockbuster）被译成了 big movie，长镜头（zoom lens）被译成 long lens，方便面（instant noodles）被译成 convenient noodles，科技旅游（science-theme tours）被译成 technological tours，修建辐射型的道路（to build a road system with roads radiating out in several directions）被译成 to build a radioactive roads，隐形眼镜（contact lens）被译为 invisible glass，成了“看不见的眼镜”，新闻自由(freedom of press)被译为 freedom of news,流动资金(working capital)被误译为 flowing funds,不冻港(ice-free port)被译为 non-freezing port,保税区(free-trade zone /bonded zone)被误译为 tax-protected zone,入境登记卡(disembarkation form)被译为 entry card,外向型产业(export-oriented manufacturing)却被误以为 outgoing industries 等,都是译者在语言层面望文生义、机械翻译造成的后果;在句子层面,类似的"翻译腔"问题也相当严重。例如,英语中某些表示禁止行为的公示语一般都采用固定的语法结构和句式进行翻译,如 No parking,No fishing,No climbing 等,但某些公共场所"禁止拍照"(No photographs)的公示语却被译为:Don't take pictures,"请勿吸烟"(No smoking)却被译成了祈使句:Please don't smoke,虽然从语法角度和语用学角度来看该表达采用祈使句式仍可行使禁止的语用功能,但违背了英语国家的表达习惯,因此仍属于"翻译腔"问题;此外,还有一些常见的"中国式英语"表达,如"他左腿跛了。"应该表达为:He is lame in the left leg. 而不能译成:His left leg is lame. "上海交通很拥挤。"应译为:The traffic in Shanghai is heavy. 若译成 Shanghai's traffic is very crowed. 则显然不符合逻辑,因为表示交通繁忙要用 heavy,而表示人多拥挤才可用 crowded;又如,"中国西部的矿产很丰富。"这句话不能译为:The west of China's minerals are rich. 正确的译文应该是:The west of China is rich in minerals. 同样,"新学期已经过去一个月了。"不能说成:Our new term has passed one month. 而应翻译成 It has been one month since the new term began. 由此可见,英译汉过程中的"欧化现象"和汉译英时的"中式英语"是阻碍英语学习者和翻译工作者语言质量的瓶颈,必须从语言维度的词法、句法以及篇章结构角度入手,突破母语负迁移造成的表达惯性对翻译行为的影响,善于积累和总结英语语言的表达习惯和固定搭配,尽可能较少出现翻译过程中的"翻译腔"现象,以便提升译文质量。

二、文化维度上克服"翻译腔"问题

语言是人类在社会生活中使用的交际工具,因此语言的内容和意义与社会文化息息相关。语言是翻译的载体,亦是文化的载体,以人类语言为载体的翻译活动必然与人类社会的文化有密不可分的联系。不同的历史时期,不同的社会制度及社会文化对同一语言词汇赋予的意义也有所不同。例如,中国素有"茶叶之乡"的美誉,中国人喜欢饮茶并讲究"茶道",因茶具有芳香适口、醒脑提神的特点,且有很高的药用价值和保健价值,深受中国人喜爱,但在我国,饮茶并不反映人的教养程度和社会地位;然而在英国,饮茶却是英国人绅士风度的重要标志之一,英国人饮茶不但讲究茶具器皿,而且非常讲究饮茶的程序,若颠倒了顺序则被视为缺乏教养和不具备绅士风度。不同民族、不同国籍和不同地域的人们的文化心理和审美感受受其生活习惯、生产方式以及生活环境的影响而产生差异。例如,沙漠地区的人们视骆驼为亲密的朋友和得力的助手,对骆驼有着深厚感情,常将美丽姑娘的眼睛比作"骆驼的眼睛",而对于不了解沙漠文化的其他民族的人们来说,这种赞美似乎无法理解,如果用 camel's eyes 来形容我国南方美丽的姑娘,难免会引起误解甚至嘲笑。

在影视台词翻译中,文化差异也是决定影视作品质量的不容忽视的因素。例如,在影片《闻香识女人》(*Scent of the Women*)中,有这样一段对白:

Slide:So,what are you doing here,in this sparrow-fart town?

Charlie:I,I attend Bird.

影片中的这组对白可译为:

施莱德中校:你到这麻雀屁小镇来干什么?

查理:我,我来博得学院读书。

源语中 sparrow-fart 一词如果直译,意思是"麻雀屁",但对于中国观众来说,这个表达令人感觉莫名其妙,很难联想到"麻雀屁”跟“小镇”之间有什么样的关联，也就阻碍了观众对影视作品的理解，但如果考虑到中国的文化背景，就不难发现，汉语中有个非常生动的表示事物渺小或微不足道的词，即“狗屁”，将施莱德中校那句台词译为“你到这狗屁小镇来干什么？”中国观众便一目了然，采用这种文化词替换的方式对译文进行处理，既保留了原文的风貌和语体特点，又体现了人物性格化的原则，有效避免了直译和死译造成的“翻译腔”问题。

因此，译者在翻译过程中，有必要从文化维度上对译文加以推敲和衡量，使得源语文化与译语文化中特有的文化元素得到正确的理解和恰当的传递，避免因双语文化差异意识和转换意识的缺乏导致误译或错译，产生“翻译腔”现象。

三、交际维度上克服“翻译腔”问题

语言是被赋予特定意义的一系列社会符号，其产生的目的是为了交际，语言符号只有置于特定社会环境中并为人们所使用进而实现一定的交际目的才具有存在的价值，因此语言的最终目的是为了交际，而以语言为载体的人类的翻译活动则是以实现跨文化交际为最终目的的交际行为。生态翻译学的三维转换原则要求译者不但要保证源语与译语在语言符号层面的对等，同时要考虑跨文化交际因素，即实现文化维度和交际维度的适应性选择转换。

以公示文体为例，从公示文体的语篇结构来看，词、句、段以及篇章等语言符号要素的整合往往并不是单纯依赖标点符号和语法规则实现的，大多数情况下是依靠受众在特定语境下，将这些语言要素经过整体认知和综合思考并领悟其内涵进行表达来实现的。公示语具有较强的规范性和标准性，且受时间和空间的限制，不便于读者详思细解，因此在对公示语进行翻译时，应注意保证其信息内容完整、保真，符合目标语表达习惯和目标语读者的思维方式。例如，“As a courtesy to the Animals. Please refrain from tapping on the glass.”如果直译为“作为对动物的礼貌，请不要敲打玻璃。”则不符合公示语的语体特点，公示语一般具有强制性和劝诫性，因此译为“爱护动物，请勿敲打玻璃！”更具有感染力。原文中的“As a courtesy to the Animals”这一具有劝导性的拟人修辞，意译为“爱护动物”更为通俗易懂并更符合译语受众的表达习惯与审美心理。

再如，旅游文体的翻译，汉语旅游文本包罗万象、覆盖面广，涉及建筑、艺术、宗教、山水、诗词歌赋等诸多领域，包含许多华丽辞藻，尤以四字格词居多，这些词句往往是为了音韵和谐和渲染气氛，并无多大实际意义，因此在翻译时应照顾到旅游文本的交际功能和目的功能适当调整措辞，将浮华的词句用明晓通达的语言重新进行表述，使译文符合英文的表达习惯，增强译文的可读性，也更利于外国游客和读者的理解和接受。如果遇到非常主观性的描述语言，如“重峦叠嶂”“广袤无垠”“分外妖娆”“美不胜收”“争奇斗艳”“千姿百态”等，可根据文本的交际功能和交际意图对其进行改写，用更凝练和概括性的语言进行概括，以实现旅游文本的呼唤功能。

例如，下面这段旅游文本“这儿的峡谷又是另一番景象：谷中急水奔流，穿峡而过，两岸树木葱茏，鲜花繁茂，碧草萋萋，活脱脱一幅生机盎然的天然风景画。各种奇峰异岭，令人感受各异，遐想万千。”句中出现很多汉语特有的四字格结构或成语表达，如果仅从语言维度进行考查，按照文本的字面意思进行直译，译文势必拖沓冗长，无法突出句子所要表达的主要信息，让读者费解。因此，不妨将“树木葱茏，鲜花繁茂，碧草萋萋”等主观性描述进行概括与改写，整个句子译为：It is another gorge through which a rapid stream flows. Trees, flowers and grass, a picture of natural vitality, thrive on both banks. The weird peaks arouse disparate thoughts. 可实现句子的表达功能和交际功能，使读者和西方游客对景点的特征一目了然。旅游翻译应以旅游者为导向（tourist-oriented），让他们听懂、看懂、读懂。因此，在翻译过程中，译者应努力提高双语水平，加强英汉语言差异和转换意识，注重译文的呼唤功能和交际功能，充分发挥译语优势，推敲源语的语境因素，弄清原文的表达意图，注重读者反应，选择恰当的翻译策略，对源语文本进行逻辑分析与解构，充分发挥汉语重意合而英语重形合的表达优势，以创造出符合源语文本特征和译语表达习惯的地道译文。

参考文献

[1]胡庚申.翻译适应选择论[M].武汉:湖北教育出版社,2004.

[2]陈可培,边立红.应用文体翻译教程[M].北京:对外经济贸易大学出版社,2012.

[3]艾略特(Eliot,T.S.).基督教与文化[M].成都:四川人民出版社,1989.

[4]冯庆华.实用翻译教程[M].上海:上海外语教育出版社,2002.

[5]张培基.英汉翻译教程[M].上海:上海外语教育出版社,1980.

[6]王克非.翻译文化史论[M].上海:上海外语教育出版社,1997.

[7]杨芙蓉.中西语言文化差异下的翻译探究[M].北京:中国水利水电出版社,2017.

[8]胡庚申.关于"译者中心"问题的回应[J].上海翻译,2011,(4).

[9]胡庚申.生态翻译学:生态理性特征及其对翻译研究的启示[J].中国外语,2011,(6).

[10]胡庚申.生态翻译学的研究焦点与理论视角[J].中国翻译,2011,(2).

[11]胡庚申.生态翻译学的"异"和"新"——不同翻译研究途径的比较研究并兼答相关疑问[J].中国外语,2014,(5).

[12]胡庚申.翻译生态VS自然生态:关联性、类似性、同构性[J].上海翻译,2010,(4).

[13]胡庚申.生态翻译学:产生的背景与发展的基础[J].外语研究,2010,(4).

[14]胡庚申.生态翻译学:译学研究的“跨科际整合”[J].上海翻译,2009,(2).

[15]胡庚申.傅雷翻译思想的生态翻译学诠释[J].外国语(上海外国语大学学报),2009,(2).

[16]胡庚申.生态翻译学解读[J].中国翻译,2008,(6).

[17]胡庚申.适应与选择:翻译过程新解[J].四川外语学院学报,2008,(4).

[18]胡庚申.从术语看译论——翻译适应选择论概观[J].上海翻译,2008,(2).

[19]胡庚申.从译文看译论——翻译适应选择论应用例析[J].外语教学,2006,(4).

[20]胡庚申.例示“适应选择论”的翻译原则和翻译方法[J].外语与外语教学,2006,(3).

[21]胡庚申.翻译适应选择论的哲学理据[J].上海科技翻译,2004,(4).

[22]胡庚申.从“译者中心”到“译者责任”[J].中国翻译,2014,(1).

[23]胡庚申.对生态翻译学几个问题“商榷”的回应与建议[J].中国翻译,2014,(6).

[24]胡庚申.译论研究的一种尝试——翻译适应选择论的实证调查[J].外语与外语教学,2004,(4).

[25]蔡平.“文化翻译”的困惑[J].外语教学,2005,(6).

[26]胡庚申,盛茜.中国口译研究又十年[J].中国科技翻译,2000,(2).

[27]苗福光,王莉娜.建构、质疑与未来:生态翻译学之生态[J].上海翻译,2014,(4).

[28]胡庚申.从“译者主体”到“译者中心”[J].中国翻译,2004,(3).

[29]曹静.译者的适应与选择[D].兰州:西北师范大学,2014.

[30]徐志波.应用翻译质量评估模式构建——生态翻译学路径[D].青岛:中国海洋大学,2012.

[31]黄秀敏.迈向绿色生态翻译——评许建忠教授的《翻译生态学》[J].中国科技翻译,2009,(4).

[32]许建忠.翻译生态学[M].北京:中国三峡出版社,2009.

[33]许建忠.翻译地理学[M].哈尔滨:黑龙江人民出版社,2010.

[34]蔡荣寿,朱要霞.新编翻译理论与实践教程[M].杭州:浙江大学出版社,2014.

[35]郭建中.中国翻译研究论文精选[C].上海:上海外语教育出版社,2006.

[36]王宏.生态翻译学核心理念考辨[J].上海翻译,2011,(4).

[37]唐巧玉.生态批评角度之生态翻译学批判[D].南宁:广西大学,2012.

[38]陈霞.文化因素对翻译的影响[D].福州:福建师范大学,2004.

[39]卢红霞.新闻翻译中的文化差异和跨文化意识培养[J].新闻知识,2011,(10).

[40]季清芬.中西思维差异在翻译中的影响[J].成都教育学院学报,2004,(4).

[41]贾荣武.关于英汉思维差异对翻译过程影响的研究[J].桂林电子工业学院学报,2003,(2).

[42]马兰芳.从翻译中看英汉思维方式的差异[J].天中学刊,2004,(4).

[43]朱山军.英汉翻译中的逻辑思维探析[J].韶关学院学报(社会科学版),2005,(4).

[44]伍小龙,丁卫民.英汉思维方式比较与语言翻译[J].华

南师范大学学报(社会科学版),2002,(2).

[45]龚爱华.思维方式差异与汉英翻译[J].江西农业大学学报(社会科学版),2004,(3).

[46]隋荣谊.英汉翻译新教程[M].北京:中国电力出版社,2004.

[47]李建莉.英汉思维差异对大学生英语翻译的影响及对策[J].河南广播电视大学学报,2005,(3).

[48]孙利.英汉文化差异对翻译的影响[J].重庆大学学报(社会科学版),2002,(6).

[49]张治英.英汉民族的思维差异对翻译的影响[J].西安外国语学院学报,2000,(2).

[50]徐华琴.浅议英汉思维差异对翻译的影响[J].福建广播电视大学学报,2003,(3).

[51]刘文晖.顺向思维与逆向思维——英汉思维模式差异及其对翻译的影响[J].南华大学学报(社会科学版),2002,(3).

[52]胡庚申.翻译与跨文化交流:整合与创新[M].上海:上海外语教育出版社,2009.

[53]关世杰,跨文化交流学[M].北京:北京大学出版社,1995.

[54]赖德富.从生态翻译学视域看广告翻译的多维转换[J].西南科技大学学报(哲学社会科学版),2011,(2).

[55]郭贵龙.广告英语文体与翻译[M].上海:华东师范大学出版社,2008.

[56]贾立平,李小霞.生态翻译学视角下的广告妙语翻译探析[J].昆明理工大学学报(社会科学版),2010,(1).

[57]华英,马永堂,马啸.英文广告阅读[M].北京:经济管理出版社,2005.

[58]陈培爱.广告学概论[M].北京:高等教育出版社,2004.

[59]贾文波.应用翻译功能论[M].北京:中国对外翻译出版公司,2004.

[60]李雅波. 文化交往视角下中文商业广告英译研究[D]. 上海外国语大学,2014.

[61]苏良书. 生态翻译学视角下的广告翻译研究[D]. 西南财经大学,2011.

[62]樊磊. 英文广告翻译的创造性(英文)[J]. 中山大学研究生学刊(社会科学版),2013,(4).

[63]徐光霞,王文铃. 从翻译生态学的角度探究汽车广告语翻译中的限定因子[J]. 海外英语,2012,(11).

[64]陈雯洁. 中西文化差异在广告翻译中的体现[J]. 文教资料,2012,(8).

[65]郑燕梅. 从"目的论"角度看广告翻译的顺应[J]. 广东外语外贸大学学报,2010,(1).

[66]左海燕. 纽马克译论视角下英语广告语篇翻译研究[D]. 上海师范大学,2012.

[67]吴丹. 从生态翻译学三维转换角度浅议广告英译汉[D]. 武汉科技大学,2015.

[68]赖德富. 从生态翻译学视域看广告翻译的多维转换[J]. 西南科技大学学报(哲学社会科学版),2011,(2).

[69]王皓. 从目的论视角看广告翻译的再创造[J]. 中国科技翻译,2013,(1).

[70]冯蔚宁. 网络广告语言的语法与语用特征[J]. 河南科技大学学报(社会科学版),2010,(6).

[71]张文娟. 目的论对商业广告翻译的指导意义[J]. 西华师范大学学报(哲学社会科学版),2004,(2).

[72]潘莉. 从关联理论角度解读广告翻译中的变通[J]. 山东外语教学,2003,(6).

[73]曾萌芽. 生态翻译学视角下的广告翻译探析[J]. 内蒙古农业大学学报(社会科学版),2012,(1).

[74]祁心,李洁,田博. 功能翻译理论视角下的生态翻译思想研究——以汽车广告为例[J]. 辽宁工业大学学报(社会科学版),

2013,(4).

[75]黄佳倩.从生态翻译学角度看旅游文本的翻译[D].苏州:苏州大学,2016.

[76]陈金莲.生态翻译学视阈下旅游翻译的三维转换[J].重庆交通大学学报(社会科学版),2016,(1).

[77]李敏杰,朱薇.生态翻译学视阈下的民族地区旅游景点公示语翻译[J].贵州民族研究,2016,(1).

[78]孙洁菡.生态翻译学视角下的民族地区涉外旅游景点翻译[J].贵州民族研究,2015,(12).

[79]肖付良.生态翻译学视角下的湖南主要旅游景点公示语翻译研究[J].湖北经济学院学报(人文社会科学版),2015,(11).

[80]王霞,王云.河北省红色旅游外宣翻译的生态翻译学阐释——以西柏坡旅游胜地外宣翻译为例[J].石家庄铁道大学学报(社会科学版),2015,(1).

[81]刘安洪.从生态翻译学视角看旅游资料中文化负载词的英译[J].重庆文理学院学报(社会科学版),2014,(4).

[82]霍兴.生态翻译学视角下旅游景点牌示汉译英研究[D].云南师范大学,2014.

[83]许建忠.翻译生态学在科技翻译中的应用[A].中国译协科技翻译委员会、广东省翻译协会.第十四届全国科技翻译研讨会论文汇编[C].中国译协科技翻译委员会、广东省翻译协会,2011,(5).

[84]范武邱.实用科技英语翻译讲评[M].北京:外文出版社,2006.

[85]戴文进.科技英语翻译理论与技巧[M].上海:上海外语教育出版社,2003.

[86]严俊仁.科技阅读与翻译[M].北京:国防工业出版社,2006.

[87]徐慧晶.生态翻译理论指导下的科技英语翻译课程考核研究[J].英语广场,2016,(7).

[88]黄倩儿.生态翻译学观照下科技术语的译名变异与规范[J].重庆交通大学学报(社会科学版),2016,(6).

[89]孟愉,牛国鉴.生态语言学视角下的科技借入语翻译——以物理学术语为例[J].中国科技翻译,2016,(1).

[90]翁金.生态翻译学视角下的科技英语翻译[J].湖北经济学院学报(人文社会科学版),2015,(10).

[91]周丽.多维整合原则关照下的时政党政话语翻译[J].上海翻译,2015,(3).

[92]刘其中.新闻翻译教程[M].北京:中国人民大学出版社,2004.

[93]王佐良.翻译与文化繁荣[A].郭建中.文化与翻译[C].北京:中国对外翻译出版公司,1999.

[94]王佐良.翻译:思考与试笔[M].北京:外语教学与研究出版社,1989.

[95]田月梅.信息化环境下翻译中的文化差异和跨文化意识培养研究[J].教育教学论坛,2017,(19).

[96]刘慧.大学翻译教学中跨文化意识的培养[J].文学教育(中),2013,(12).

[97]https://baike.so.com/doc/3266403-3441370.html.

[98]王秉钦.文化翻译学[M].天津:南开大学出版社,1995.

[99]商继承.英语翻译中的文化翻译[J].泰州职业技术学院学报,2004,(10).

[100]朱亚军.商标名的翻译原则与策略[J].外语研究,2003,(6).

[101]吴昊,邵朝霞.商标翻译的原则与方法[J].柳州职业技术学院学报,2004,(3).

[102]张万义,陈建杰.论商标翻译[J].泉州师范学院学报(社会科学版),2004,(3).

[103]张健.新闻英语文体与范文评析[M].上海:上海外语教育出版社,2004.

[104]赵春卉.政治、经济、社会类英语新闻翻译实践报告[D].武汉:华中科技大学,2015.

[105]何伟.论把关理论视角下国际新闻翻译[D].北京:外交学院,2013.

[106]林晶.操纵视角下的新闻翻译[D].福州:福建师范大学,2013.

[107]曾宪迪.从生态翻译学视角看英汉政治新闻翻译中译者的"适应与选择"[D].南宁:广西师范学院,2015.

[108]杨枭枭.从生态翻译学视角看汉英新闻翻译的译者中心[D].上海:上海外国语大学,2012.

[109]刘素惠.汉语新闻标题英译的生态翻译学视角[D].南京:南京农业大学,2012.

[110]胡青.生态翻译学视角下的英语政治新闻汉译研究[D].青岛:中国海洋大学,2013.

[111]刘芬.新闻翻译中的框架重构[D].长沙:湖南大学,2012.

[112]刘其中.英汉新闻翻译[M].北京:清华大学出版社,2009.

[113]陈玲.生态翻译学视角下新词新语翻译[J].吉林广播电视大学学报,2012,(4).

[114]王碧莲.新闻词语英译技巧探析[D].长沙:湖南大学,2012.

[115]成怡.从生态翻译学看影视剧名的翻译[J].南昌教育学院学报,2011,(2).

[116]余芳.生态翻译学视角下的英文电影片名翻译研究[D].武汉:武汉科技大学,2012.

[117]赵晶.模因的变异与影视翻译的生态平衡[J].山东外语教学,2012,(1).

[118]赵晶.生态视角下的影视配音翻译与模因研究[J].贵州师范大学学报(社会科学版),2012,(1).

[119]梁海飞.从中外史上功能对等理论看纪录片字幕翻译[J].黑龙江史志,2014,(3).

[120]董海雅.西方语境下的影视翻译研究概览[J].上海翻译,2007,(1).

[121]李和庆,薄振杰.规范与影视字幕翻译[J].中国科技翻译,2005,(2).

[122]戈玲玲.文化语境顺应与翻译解码[J].西安外国语学院学报,2005,(1).

[123]李运兴.字幕翻译的策略[J].中国翻译,2001,(4).

[124]钱绍昌.影视翻译——翻译园地中愈来愈重要的领域[J].中国翻译,2000,(1).

[125]杨洋.电影字幕翻译述评[J].西南交通大学学报,2006,(8).

[126]余芳.生态翻译学视角下的英文电影片名翻译研究[D].武汉:武汉科技大学,2012.

[127]李晶.从生态翻译学看法律翻译中的译者主体性[D].重庆:西南政法大学,2013.

[128]金小暄.汉语法律学术文本英译实践报告[D].大连:辽宁师范大学,2015.

[129]肖涵,王建.生态翻译学视阈下的《大明律》英译研究[J].郑州航空工业管理学院学报(社会科学版),2016,(6).

[130]王小格.译者的适应与选择——合同翻译过程研究[D].北京:中国石油大学(华东),2013.

[131]肖薇,夏竞成.全球化语境下法律语篇的生态翻译走向[J].安徽农业大学学报(社会科学版),2016,(4).

[132]肖薇,韩江洪.生态语境下法律话语翻译的综观视角及路径[J].安徽师范大学学报(人文社会科学版),2015,(4).

[133]朱剑虹.法律文书翻译生态环境中的译者主体性研究[J].鸡西大学学报,2015,(12).

[134]王珊.新闻语中的翻译腔[D].西安:陕西师范大学,

2013.

[135]吾雅平. 生态翻译学视域下旅游翻译失误与改译策略——基于浙西调研[J]. 中州大学学报,2015,(2).

[136]赵惠君. 翻译腔探析:起因及解决之道[D]. 北京:北京语言大学,2007.

[137]谭莲香. 翻译腔探析[D]. 长沙:湖南师范大学,2004.

[138]佟海燕. 风格、成语与翻译腔[D]. 上海:上海外国语大学,2004.

[139]叶子南. 英汉翻译对话录[M]. 北京:北京大学出版社,2003.

[140]刘宓庆,当代翻译理论[M]. 北京:中国对外翻译出版公司,1999.

[141]范仲英,实用翻译教程[M]. 北京:外语教学与研究出版社,1994.

[142]周彦君. 英汉翻译中的"翻译腔"研究[J]. 河北理工大学学报(社会科学版),2009,(3).

[143]陶友兰,边立红,马慧娟,思创·哈格斯. 东西方生态智慧交融的生态翻译学研究——"第五届国际生态翻译学研讨会"综述[J]. 中国翻译,2016,(2).

[144]丁往道,吴冰. 英语写作基础教程[M]. 北京:高等教育出版社,2011.

[145]杨普习,刘典忠. Translationese:翻译体? 翻译症? 翻译腔? [J]. 中国科技术语,2009,(3).

[146]马继光. 试析英汉翻译中的正说与反说[J]. 上海大学学报(社会科学版),1999,(5).

[147]张明权. 二元对立翻译观的文化解构[J]. 北京第二外国语学院学报,2005,(2).

[148]陈建平. 国内应用翻译研究:回顾与展望[J]. 宁波大学学报(人文科学版),2010,(1).

[149]Newmark Peter. A Textbook of Translation[J]. *Jour-*

nal of Women s Health, 2001.

[150]Venuti Lawrence. The Translator's Invisibility: A History of Translation[J]. *Journal of Women s Health*, 1995.

[151]Ting Bo. A Study on Advertisement Translation Based on the Theory of Eco-translatology[J]. *Journal of Language Teaching and Research*, 2014, (3).

[152] Jeremy Munday. Advertising: Some Challenges to Translation Theory[J]. *The Translator*, 2004, (2).

[153]贾晓青. *Report on Chinese-English Translation of Wosa from the Perspective of Eco-Translatology*[D]. 西安:西安外国语大学, 2016.

[154]Cao, Lijuan. Review of Translation Ecology [J]. *Perspectives: Studies in Translatology*, 2011, (1).

[155]Cronin, Michael. *Translation and Globalization* [M]. Routledge, 2003.

[156] Hu, Gengshen. Translator-Centredness[J]. *Perspectives: Studies in Translatology*, 2004, (2).

[157]Katan, David. *Translating Cultures*[M]. Manchester: St. Jerome Publishing, 1999.

[158]Tang, Jun. Review of Translation Ecology[J]. *Target*, 2011, (2).

[159] Warren, Rosanna. *The Art of Translation: Voices from the field* [M]. Boston: Northeastern University Press, 1989.

[160]Wilss, Wolfram. *Knowledge and Skills in Translator Behavior* [M]. Amsterdam & Philadelphia: John Benjamins, 1996.

[161]Xu, Jianzhong. Review of Translation and Globalization[J]. *Perspectives: Studies in Translatology*, 2004, (2).